Dietmar Bittrich
Wer später kommt, hat länger Zeit

Ausfälle und Verspätungen, geänderte Wagenreihenfolgen, geschlossene Bordrestaurants, lautstarke Influencerinnen, röchelnde Klimaanlagen, Essensdüfte vom Nachbarn, Stillstand in der Pampa, der Anschlusszug unerreichbar: Die Bahn ist ein rollender Kurs in Wundern.

Viele Reisende halten derlei Vorkommnisse für Pannen. Dietmar Bittrich zeigt: Bei alledem handelt es sich um liebevolle Coachingangebote der Bahn, um kompakte Kurse in Kreativität, Fitness, Improvisationstalent, Glück!

Ob beabsichtigt oder nicht, die Bahn weckt verborgene Gaben der Reisenden. Sie leitet sie zu äußerer Freiheit und innerem Frieden.

»Nach der Lektüre dieses Buches wirst du beim nächsten Zugausfall nur leise lächeln, denn du weißt: Die Bahn hilft dir gerade, deine spirituelle Heimat zu finden, das Zuhause in dir selbst. Was macht es da schon, wenn du dein äußeres Zuhause heute nicht mehr erreichst?«

Dietmar Bittrich war viele Jahre als Reisereporter unterwegs und sammelte dabei u. a. Stoff für ›Müssen wir da auch noch hin?‹. Auch privat reist er häufig mit dem Zug. Und da er mittlerweile kurz vor der Erleuchtung steht, findet er es an der Zeit, Leserinnen und Leser an den Segnungen der Bahn teilhaben zu lassen.

DIETMAR BITTRICH

WER SPÄTER KOMMT, HAT LÄNGER ZEIT

DIE BAHN ALS ULTIMATIVE SCHULE DES LEBENS

Für Marla!

M. Bittrich

dtv

© 2022 dtv Verlagsgesellschaft mbH & Co. KG, München
Das Werk ist urheberrechtlich geschützt.
Sämtliche, auch auszugsweise Verwertungen bleiben vorbehalten.
Umschlaggestaltung: FAVORITBUERO, München
Umschlagmotive: Julia Deuter / Favoritbuero; Busran Baka /
shutterstock.com
Gesetzt aus der Minion Variable Concept
Satz: Fotosatz Amann, Memmingen
Druck und Bindung: C.H.Beck, Nördlingen
Printed in Germany · ISBN 978-3-423-35195-9

Inhalt

Die Reise zur Erleuchtung

Die Bahn ist eine Weisheitslehrerin. Wahrscheinlich die beste, die wir haben. Sie schenkt Einsicht. Wer ein Ticket erwirbt – und selbst wer schwarzfährt –, bekommt nicht nur die Reise, sondern dazu ein unvergleichliches Coachingangebot.

Ach, tatsächlich? Wovon ist hier die Rede? Etwa von jenem Unternehmen, das mit seinen ewigen Verspätungen und Baustellen, mit seinen Umleitungen und Ausfällen die Kundschaft nur an ein einziges Ziel bringt: an den **Rand des Nervenzusammenbruchs?**

Ja, genau. Aber an diesem Rand wird es spannend! Da glänzt die Erleuchtung!

Haben wir nicht mal davon gehört, dass Krisen in Wirklichkeit Chancen sind? Dass Herausforderungen Spaß machen? Dass nichts anderes so viel Wachstumspotenzial birgt wie Ärger? Und dass alles, was passiert, einen Sinn hat und Feedback gibt?

Das ist uns mal zu Ohren gekommen. Klang ganz gut. Wir konnten beifällig nicken.

Aber das war nur die Theorie. Die Bahn bietet die Praxis. Krisen, Ärger, Störungen und jede Menge Herausforderungen hält sie freigebig für uns bereit. **Pures Wachstumspotenzial.** Lauter Geschenke.

Schon das Buchen nötigt unser Gehirn, frische Neuronen zu bilden und sich neu zu vernetzen. Anders wäre der Tarifdschungel nicht zu durchschauen. Mit dergleichen Verjüngungskuren geht es weiter. Auf dem Bahnsteig können wir trainieren, wozu wir nie Zeit fanden: Achtsamkeit. »Ca. 10 Minuten später«, verspricht die Anzeigetafel. Wir spüren unseren Atem. Den Boden unter den Füßen. Lassen den Blick schweifen und entdecken: »Heute ca. 20 Minuten später«. Ah! Wenn es so weitergeht, kriegen wir eine komplette Stunde Achtsamkeitstraining zusammen!

Verpassen wir etwas dabei? Wenn wir eine Stunde zu spät kommen? Vielleicht. Aber wollen wir wirklich pünktlich eintreffen zum neunzigsten Geburtstag des Onkels? Eher nicht.

Die äußeren Geschehnisse, stellte der Zen-Meister Dogen fest, spiegeln nur den inneren Willen. Dann verwirklicht also die Bahn, **was wir uns unbewusst wünschen?** Im Falle des neunzigsten Geburtstags bestimmt. Sie liefert sogar die Entschuldigung dazu!

Wenn wir jedoch in den Urlaub reisen und nun den Anschlusszug verpassen und heute überhaupt nicht mehr ans Ziel kommen? Sondern irgendwo stranden? Dann ist lächelnd der Bahnberater Dalai Lama zur Stelle: »Besuche einmal im Jahr einen Ort, den du noch nicht kennst!« Na, bitte. Buddhistische Pflicht erfüllt. Mit der Bahn gelingt das sogar mehrmals im Jahr!

Natürlich dürfen wir auch ausrasten. Selbst das ist ein Geschenk. Empörung fördert den zerebralen Blutfluss.

So reiht sich ein **Glückserlebnis** ans andere. Und das setzt sich fort mit versagenden Klimaanlagen, ausfallenden Reservierungsanzeigen, mit geschlossenen Bordrestaurants, gefluteten Klos, gesperrten Abteilen hier und Überfüllung dort, mit kreischenden Mitreisenden, verstänkerter Luft, Dauertelefonierern, Schienenersatzverkehr.

Während des Zusammentragens all dieser begeisternden Geschenke blieb immer nur eine Frage: Wie viele Kilometer müssen wir zurücklegen, wie viel Zeit aufwenden, um in den Genuss all dieser Gaben zu gelangen? Kann die Bahn nicht mal einen Crashkurs anbieten?

Und sie hat es getan! Mit dem 9-Euro-Ticket – möge es für immer im ganzen Kosmos gelten! – sind die wagemutigsten Träume in Erfüllung gegangen.

Eine einzige Zugfahrt oder nur der Versuch, in einen Zug zu gelangen, beschert nun alles auf einmal: das soziale Erlebnis, den **Intensivunterricht in Völkerkunde und Evolution**, digitales Detoxen und Intervallfasten, Inklusion, Integration, den Zwang zum Krisenmanagement, die Einsicht in die Unerbittlichkeit des Schicksals, demütige Hingabe ans Unausweichliche und die **Zuflucht zu innerer Freiheit und ewigem Frieden**.

Wenn zudem, wie es zuletzt mehrfach geschehen ist, ein Zug wegen Überfüllung sämtliche Reisenden wieder auf den Bahnsteig abschiebt, um völlig leer an sein Ziel zu fahren, dann wissen wir: Die Bahn schenkt uns ein Sinnbild des Lebens. Das Leben braucht uns nicht. Es schert sich nicht um uns. Es fährt ohne uns weiter. Was für eine Erleuchtung! Danke.

Training plus Dating:
DIE GEÄNDERTE WAGENREIHUNG

Der Bahnsteig ist dicht bevölkert. Gleich kommt der Zug. Bislang hattest du, wie alle anderen, auf die Anzeige vertraut. Demnach würde der Zustieg zu deiner Klasse in den Abschnitten A bis E erfolgen. Deswegen stehst du hier, an diesem strategisch günstigen Punkt, wo es nicht ganz so voll ist, weit weg von Rolltreppe und Fahrstuhl.

Aber jetzt knackt es im Lautsprecher. Das verheißt immer etwas Gutes! Und siehe, die Ansage verkündiget euch frohe Botschaft zum erwarteten ICE mit der Nummer Soundso und dem Ziel Dingsda mit Halt in schrumpfenden Orten: »Dieser Zug verkehrt heute in umgekehrter Wagenreihung.« Ja! Das ist es! Erleichterung!

Die Bahn ist gesetzlich der **Gesundheit ihrer Nutzer** verpflichtet. Deshalb setzt sie, wo immer es nötig scheint, die Umkehrung der Wagenreihung ein. Und damit die Wirkung nachhaltig ist, teilt sie die Veränderung erst unmittelbar vor der Einfahrt mit. Nur so kann diese Maßnahme vorbeugend wirken gegen Krampfadern, Ödeme, Arthritis, Thrombosen.

Das lange Stehen in immer derselben Position auf Beton, mit der muskulären Anspannung in banger Erwartung des verspäteten Zuges, führte früher zu Schmerzen im unteren Rücken, zu Schwellungen in den Beinen und an Knöcheln und den Füßen. Du weißt: Die Bahn möchte allen Wartenden **Lymphdrainagen** anbieten, später mal. Bis es so weit ist, wird als Stimulans die Änderung der Wagenreihung eingesetzt. Zum Beispiel jetzt.

Los geht's! Alle, die von A bis E einsteigen wollten, müssen jetzt zu F bis H wechseln. Schluss mit dem Stillstand, der die Bandscheiben komprimierte und das Herz gegen die Schwerkraft schuften ließ. Willkommen, muntere Bewegung! Hallo, all ihr Fahrgäste aus den Bereichen F bis H, die ihr euch aufmacht nach A bis E.

Der gepäckbeladene Umzug fördert die **soziale Interaktion**. Du begegnest Angehörigen höherer beziehungsweise niederer Klassen – je nachdem, an welchen Abschnitt des Bahnsteigs du umziehst. Doch überall schaust du in glückliche Gesichter. Viele Partnerschaften sind bei dieser Art High Speed Dating entstanden. Der Bahnsteig – englisch *platform* – gilt als **preiswerteste Dating-Plattform**. Und übrigens als die einzig verjüngende! Niemand hier wird noch Kneippkuren oder Kompressionsstrümpfe benötigen. Die sprudelnde Gegenstromlage aus Menschenleibern vitalisiert viel mehr. Verspannungen lösen sich, Durchblutung und Muskelaufbau kommen in Gang.

Alle Fahrgäste sind begeistert! Wirklich alle? Nun, von einigen weißt du es nicht. Manche haben die Ansage missverstanden. Die haben nicht Abschnitt »E« vernommen, sondern »I«. Die sind also weiter hinausgeeilt über

G und über H und sind dann **über den Rand der Rampe gebröselt**. Denn »I« gibt es nirgends. Von denen wirst du nie wieder hören. Über Unfälle mit Personenschaden breitet die Bahn den Mantel des Schweigens. Jedenfalls wird der Zug nun nicht mehr ganz so voll sein.

Andere fühlen sich belästigt von der kurzfristigen Änderung. Das sind diejenigen, die ihren Kindern, Partnern oder Eltern gern Weisheiten mit auf den Weg geben wie: »Nichts bleibt, wie es ist« oder »Alles ändert sich«. Nur wenn sie selbst betroffen sind, ist Schluss mit weise. Die stöhnen also oder schimpfen sogar. Du hingegen ruhst in dir. Du erkennst die **buddhistische Urweisheit**: Weil alle Dinge und Umstände unbeständig sind, ist jedes Anhaften an ihnen vergeblich und führt zu Leid. Auch das will dieser Service der Bahn zeigen.

Und damit die Weisheit noch tiefer ins Herz sinkt, rollt jetzt der Zug ein. Und zwar exakt in der ursprünglich vorgesehenen Wagenreihung. Von wegen Änderung. Die Durchsage war ein Irrtum. Alle, die mit ihrem Gepäck von A bis E nach F bis H gezogen sind, dürfen wieder zurückkehren. Und umgekehrt. Noch einmal Fitness. Noch einmal Speed Dating. Noch einmal die Einsicht in die Unbeständigkeit allen Seins. Namasté, Verneigung, liebe Bahn!

Fitness im Welterbe:
KASSEL-WILHELMSHÖHE

Wenn du in Kassel-Wilhelmshöhe umsteigen darfst, meint das Schicksal es gut mit dir. Denn der Anschlusszug, auf den du hier wartest, wird sich verspäten. Oder er ist längst weitergefahren, denn dein eigener Zug war verspätet. In jedem Fall wirst du in aller Muße auskosten können, was der Fahrgastverband als unbeliebtesten Bahnhof des Landes ermittelt hat. »Ich fühle mich heute so Kassel-Wilhelmshöhe« gilt als anschauliche Beschreibung einer depressiven Verstimmung.

Aber was immer andere sagen – du wirst diesen Bahnhof genießen. Denn die Wege sind weit hier, und du gehst gern zu Fuß. Vor allem beim Wechseln des Bahnsteigs. Es gibt Aufzüge, doch sie führen lediglich zu Langzeitparkplätzen. Die ausgedehnten Strecken sind vorteilhaft beim Wechsel des Bahnsteigs. Du liebst das gesunde Treppensteigen. Wadenmuskulatur, Sprunggelenke und Achillessehnen werden hier nachhaltig trainiert. Wer häufiger in Kassel-Wilhelmshöhe umsteigt, benötigt kein Fitnesscenter. **Der Bahnhof ist das Studio.**

Die Gestaltung ist denkbar unübersichtlich, doch gerade das reizt deine Abenteuerlust. Sie weckt in dir jenes schlummernde Gen der Entdecker, die sich einst mutig ins Unbekannte wagten. Du stößt auf Warteräume, die winzig sind, und du freust dich für die Wartenden, denn gerade Enge stiftet Kontakte und fördert die ersehnte **menschliche Nähe.**

Du selbst musst nicht unbedingt sitzen. Das hast du schon im Abteil getan. Viel mehr genießt du das Auf-und-ab Wandern auf den endlosen Rampen. Du bewunderst die Betonarchitektur, die mit niedriger Überdeckung und sogenannten Fischbauchstützen etwas geschaffen hat, das es sonst nur im Orient gibt: einen **Palast der Winde.**

Wartende, die beklagen, es sei kalt hier, wenn es draußen warm ist, und eisig, wenn es draußen kühl ist, irren nicht. Und diejenigen, die beobachtet haben, dass es selbst bei Windstille auf diesen Bahnsteigen ständig zieht, haben ebenfalls recht.

Du genießt das. Die Kunst der Erbauer hat hier der globalen Erwärmung vorgebeugt. Wolltest du jemals nach **Rajasthan** reisen, um in Jaipur den Hawa Mahal zu bewundern, den Palast der Winde? Das ist nicht mehr nötig. Irgendein Großmogul musste dort fast tausend vergitterte Fenster einbauen lassen, um den Innenräumen kühlende Luftzirkulation zu verschaffen. Die Ingenieure in Kassel sind mit Beton ausgekommen.

Du hast von den **Wüstenstädten im Iran** gehört, wo sogenannte Windtürme (Badgir) ohne energiefressende Klimaanlagen und Ventilatoren allein durch den Kamineffekt die warme Luft aus den Räumen abführen. Und zwar so, dass ständig kalte Luft nachströmt. Bitte sehr: In

Kassel-Wilhelmshöhe hast du einen großen Windturm, wenn auch in der Horizontalen.

Was andere sehen: Hier ist es hässlich, windig, kalt. Sie sind frustriert. Was du siehst: **zwei Welterbestätten**, Hawa Mahal und Badgir, in einem Bauwerk vereint. Und das auch noch kostenlos – wie das Fitnessangebot. Du bist dankbar.

Chaostheorie im Praxistest:
DAS TARIFSYSTEM

Es gibt Verbindungen, da bleibt dir keine Wahl. Zumal wenn du spät buchst. Dann steht nur noch eine einzige Klick-Möglichkeit zur Verfügung. Wärest du mit der Planung etwas früher dran gewesen, hättest du günstiger reisen können. Und wärest du noch früher aufgestanden, um dich in die verschiedenen **tollen Sparmöglichkeiten** zu vertiefen, dann würden wir dich jetzt besuchen können. Und zwar in der geschlossenen Abteilung der Psychiatrie.

Denn da landet, wer sich im Dschungel der Bahntarife zurechtzufinden versucht. Quer-durchs-Land-Ticket, Länderticket, Sparpreis-Ticket, Super-Sparpreis-Ticket, Rückfahrt teurer als Hinfahrt, Gruppe mit vier zurechnungsfähigen Erwachsenen plus einer Seniorin nebst zwei Enkeln oder einem Mündel plus rolliger Katze – du hast alles durch. Jetzt tobst du in der Gummizelle. Der Direktor hat dir seine **Eisenbahnermütze** vermacht.

Die Verwirrung ist beabsichtigt. Sie soll dich beweglich halten. Unsere halbstaatliche Bahn sorgt dafür, indem sie ihr eigenes Tarifsystem ständig umstellt. Überdies existieren sogenannte Partnerunternehmen, die das ebenfalls tun. Und es gibt länderübergreifende Privatbahnen mit eigenen Abomodellen. Bei manchen kannst du **Payback-Punkte** sammeln. Einige erkennen deine Bahncard an, andere nicht mal deinen Personalausweis.

Weil das noch nicht vielfältig genug ist, konkurrieren in jedem Bundesland zahllose Verkehrsverbünde, die ihre Grenzen heimlich ausdehnen, um der geliebten Bundesbahn das Publikum abzujagen. Bei einigen profitierst du vom ermäßigten Steuersatz. Bei anderen wird er erhöht, **sobald der Zugbegleiter dich erkennt.** Und er gilt sowieso nicht mehr, wenn du eine gewisse Kilometergrenze überschreitest oder gar die Grenzen des Verbundes verlässt und ins Hoheitsgebiet eines anderen eindringst.

Es kann sein, dass du plötzlich in einer verbundfreien Zone landest. Wenn du versehentlich dort aussteigst, wirst du Menschen treffen, die da schon seit Jahren umherirren. Du erinnerst dich: Jedes Jahr verschwinden in Deutschland um die zehntausend Menschen, die niemals wieder auftauchen. Bitte sehr, etliche davon siehst du nun. Sie sind **tariffremd ausgestiegen.** Du könntest Fotos machen und sie an ›Aktenzeichen XY … ungelöst‹ beamen. Aber in verbundfreien Zonen gibt es keinen Handy-Empfang. Sonst ja auch nicht.

Und all das ist gut. Der Tarifdschungel gehört zur großen Schule des Lebens, durch die dich die Bahn geleitet. Dschungel heißt auch: All **diese Tarife sind ökologisch.** Es kann sein, dass du in Sachsen für einen Zug zwei Tickets lösen musst. Und dass bei einer Kontrolle beide falsch sind, obwohl du sie am Computer gebucht hast oder gerade deshalb. Aber egal wie teuer und wie bizarr der Algorithmus sich verrechnet haben mag, jeder gefahrene Kilometer rettet eine Quadratmeile Regenwald! Und jedes Umsteigen schützt das Klima viel mehr, als wenn du zu Hause geblieben wärest. Das ist doch wohl dein Geld wert. Der Tarifdschungel mag eine Hölle sein, aber es ist eine **grüne Hölle**.

Der Fahrgastclub Pro Bahn beschwert sich, das System sei zu komplex und »mit dem normalen Fahrgastabitur nicht mehr zu schaffen«. Aber das ist auch nicht das Ziel. Der Wirrwarr selbst ist das Ziel! Ist das so schwer zu begreifen? Der amerikanische Mathematiker Benoît Mandelbrot hat eine Arbeit über die Schönheit des Chaos verfasst. Dieses Werk brauchst du nicht zu lesen. Du wühlst dich durch das Tarifsystem der Bahn. Die Wissenschaft mag sich mit der Chaostheorie beschäftigen. Du bist bereits bei der **Chaospraxis**.

Und das bist du nicht nur aus Überzeugung – wer deinen Schreibtisch oder deine Schubladen kennt, weiß es. Du bist es aus Liebe. Ist denn nicht das Chaos der Ursprung aller Schöpferkraft? Gott brauchte das Chaos, um eine Welt zu erschaffen. **Kreativitätsforscher** haben bewiesen, dass Leute mit Hang zum Chaos mehr und originellere Ideen entwickeln. Nichts anderes möchte die Bahn: unsere Kreativität anspornen, unsere Spontaneität beleben, unsere Innovationskraft stärken.

Hast du deine Eisenbahnermütze aufgesetzt? Dann kommen wir dich jetzt besuchen.

Schluss mit Body Shaming:
RAIL & FRESH

Vor längeren Reisen dosierst du die Flüssigkeitsaufnahme. Du schlürfst Kaffee. Der macht wach und hilft nach Auskunft der Kaffeehändler gegen Diabetes und Gicht, die du allerdings sowieso nicht kriegen würdest. Du trinkst Tee. Denn Teehändler haben herausgefunden, dass Tee gegen Karies und Rheuma hilft. Das hätte deine Tante früher wissen sollen. Beide Getränke beugen, nach Erkenntnis der Importeure, der Demenz vor. Hat bei deinen Großeltern nicht geklappt. Aber **bei dir funktioniert es!** Und wenn du nun noch Orangensaft nachfüllst, um die Immunabwehr zu stärken, und Wasser, um dein Nervensystem geschmeidig zu halten, dann beginnt dein Reisetag als purer Gesundheitsbooster!

Tee spült, Kaffee beschleunigt, O-Saft treibt, Wasser läuft einfach so durch. Wenn dein Zug pünktlich fährt, ist das alles kein Problem. Aber falls er erst mal nicht kommt, weil es Störungen im Betriebsablauf gibt, dann wird auch **dein eigener Betriebsablauf gestört.** Da will was ablaufen. Nicht sofort. Das nicht. Du hast deine Blase total unter Kontrolle. Alles andere sowieso. Du begreifst deshalb nicht, warum manche Leute hier auf dem Bahnsteig so komisch von einem Bein aufs andere treten oder irgendwie verknotet hin und her tapern.

Andererseits wäre es doch ganz schön, wenn der Zug kommen würde. Du könntest gleich mal aufs WC gehen und würdest es danach großzügig für andere freigeben. So gequält, wie die Leute hier um dich herum aussehen, müsstest du sofort einsteigen, als Erster. Am besten in der ersten Klasse, wo die Passagiere souverän tun und das Klo so lange wie möglich ignorieren. Du könntest dich **ohne gültiges Ticket** ins erstklassige Klo schmuggeln und wenig später entspannt und unschuldig Richtung zweite marschieren.

Dazu müsste der Zug allerdings überhaupt mal eintreffen. Aha, etwa fünfzehn Minuten Verspätung, verkündet jetzt die elektronische Anzeige. Das reicht nicht, um nach Hause zu fahren. Nicht mal, um rasch ins nahe Kaufhaus zu gehen und zurückzukehren. Ein paar der Leute, die eben noch mit gekreuzten Beinen ausharrten, machen sich jetzt auf den Weg zu jener Einrichtung, die früher »Bahnhofstoiletten« genannt wurde. Sie heißt jetzt rail & fresh und kostet einen Euro. Als sie noch kostenlos war, saß im Gang eine betagte Gestalt an einem Tischchen, rauchte, füllte Kreuzworträtsel aus und hatte einen Teller mit blinkenden Münzen vor sich. Lauter Euros, keine Centstücke. Wenn man sich ohne Spende vorbeidrücken wollte, musste man sich wenigstens herzlich bedanken.

Auf diese billige Tour geht es nicht mehr. Ohne vorherige Bezahlung kommst du bei rail & fresh nicht durch die Sperre. Du kannst einen Euro einwerfen oder, weil du gerade keinen hast, bargeldlos zahlen. Aber warum solltest du einen Euro opfern, nur weil dein Zug sich verspätet? Müsste es nicht vielmehr umgekehrt so sein, dass du pro Minute Verspätung einen Euro ausgezahlt bekommst? Der Gedanke zeugt von hoher Intelligenz, hilft aber jetzt nicht weiter. Ebenso wenig hilfreich sind Gedanken an Klos mit rauschender Spülung oder an Meereswellen, an Wasserfälle oder an strömenden Regen.

Du kannst an die Wüsten dieser Erde denken. Aber nicht an die Oasen mit ihren sprudelnden Quellen! Oder du denkst gar nichts. **Du praktizierst Achtsamkeit.** Du spürst deinen Atem. Fühlst den Boden unter deinen Füßen. Du hörst die vielfältigen Klänge dieses weltstädtischen Bahnhofs. Die Stimmen, die Durchsagen, das Zischen der Bremsen. Das leise Motorensummen des auf dem Nebengleis wartenden ICEs.

Hallo? Auf dem Nebengleis wartet ein ICE? Wie lange noch? Ginge es dort eventuell kostenlos? Er wird bald in Gegenrichtung abfahren. Wie bald? Du würdest maximal fünf Minuten benötigen. Reinspringen, das WC aufsuchen, das bitte weder gesperrt noch besetzt ist, die Kleidung blitzschnell lockern, dann an Meereswellen, Wasserfälle und strömenden Regen denken. Fertig. Eventuell noch die Hände unter den Wasserspender halten. Und raus.

Also, wann fährt er? In sechs Minuten! Das würde reichen. Auf jeden Fall! Oder doch nicht? Nein. Das ist zu riskant. Nächster Halt Erfurt. Das wäre zu teuer bezahlt.

Du lenkst dich weiter ab. Du sagst dir Songtexte auf von den Hits deiner **leidenschaftlichen Zeiten.** Oder von Kinderliedern. Du erfindest Namen für Leute, die du hier siehst. Du malst dir vor deinem inneren Auge den Weg aus, den du nach Hause gehen würdest, mit jedem Schaufenster, mit jeder Abzweigung, mit jedem Baum, bis du zu Hause endlich …

Da, einen Bahnsteig weiter wartet ein Regionalexpress! Die Klos in solchen Zügen gehören nicht zu den Orten, die man gesehen haben muss, bevor man stirbt. Aber in diesem Fall würdest du eine Ausnahme machen. Du bewegst dich graziös und elastisch auf den Regionalbahnsteig zu. Abrupte Bewegungen wären jetzt falsch.

Plötzlich zerschneidet ein Pfiff die Stille. Die Türen schließen sich. Abfahrt.

Jetzt hilft es nichts. Du musst zu rail & fresh. Dein eigener Zug kommt in zehn Minuten. Eine Euromünze hast du nicht. Aber du kannst per Karte zahlen oder per Handy. Für den einen Euro wirst du dann einen **Bon im Wert von fünfzig Cent** bekommen, den du bei einem der Läden im Bahnhof in Zahlung geben kannst. Du musst dort lediglich für mindestens zwei Euro fünfzig etwas kaufen, zum Beispiel ein halbes Brötchen. Ist nämlich alles radikal überteuert hier. Aber jetzt geht es um was anderes. Also.

Du kommst hier nicht so einfach rein. Du musst erst den QR-Code scannen. Während du das tust, spannst du die Beckenbodenmuskeln an. Beckenbodenübungen gehören zum Standard in **Yoga und Pilates**. Hast du alles drauf. Oder hättest du draufhaben können.

QR-Code gescannt. Jetzt die App runterladen. Das auch noch! Und installieren! Beckenbodenübungen Eskalationsstufe. Nun nur noch die Bezahlmöglichkeit auswählen und hinterlegen! Geht Paypal? Welche Pins musst du dafür wissen? Neben dir steckt einer einen Euro in den Schlitz und geht einfach durch die Tür. Du spannst den Beckenboden an. Du sollst nur noch **den Zahlencode der hiesigen Maschine** eingeben. Danach könntest du Pay drücken und, während du weitere Beckenbodenübungen vollführst, auf Bestätigung warten.

In diesem Moment wird die Einfahrt deines Zuges angekündigt. Kannst du den Bezahlvorgang noch abbrechen? Einen anderen Vorgang kannst du jetzt nicht mehr abbrechen. Das ist manchmal so. Du hast eine Reisetasche, die du dir vor die Körpermitte halten kannst, während du x-beinig zum Zug wackelst. Der andere ICE steht übrigens immer noch da. Der wartet auf Umsteigende. Du hättest richtig viel Zeit gehabt. **Hätte, hätte, Perlenkette**, sagte deine Mutter immer zu deinem Vater.

Sie hat nie eine Perlenkette von ihm bekommen. Und du wirst nie erfahren, wie smart und stylish die rail & fresh-Räume aussehen. Du kannst höchstens im Web nachlesen, dass es da mit der Sauberkeit auch nicht immer weit her ist, dass häufig das Klopapier fehlt ebenso wie die Papiertücher zum Händetrocknen, was allerdings nicht nötig ist, da das Wasser maximal tröpfelt und der leere Desinfektionsmittelspender auf Nachfüllung wartet, während die zuständige **Servicekraft ins Handy vertieft** ist. Also ähnlich wie im Zug selbst.

Das ist alles perfekt. Und du bist dankbar. Bereits vor der Abfahrt hat die Bahn dich schon wieder so vieles gelehrt: Achtsamkeitstraining ist nützlich. Beckenbodenübungen sollte man vorher erlernen. Und am wichtigsten: Body Shaming ist endlich auch für dich out! Du darfst so, wie du jetzt aussiehst, einsteigen. Es soll dir nicht peinlich sein. Es gehört zum Leben. Das hast du jetzt abgespeichert. Körpertrainer nennen diese Erkenntnis: Body Acceptance oder, besonders in deinem Fall, **Body Positivity**. Psychologen sprechen hingegen von Flow-Erfahrung. Die hast du gründlich gemacht. Herzlichen Glückwunsch!

Überraschungen mit tieferem Sinn:
DER TICKETAUTOMAT IST GESTÖRT

Oder sind die Leute gestört, die sich davor versammelt haben? So wie die aussehen? Du willst nicht vorschnell den Automaten verurteilen. Diese Leute kratzen stumpfsinnig daran herum und pochen, als säße jemand drin, der das Ticket herausrücken müsste – und der das trotz Geldeinwurfs verweigert.

Ist es sinnvoll, dass du dich da einreihst? Du hast ebenfalls kein Ticket. Gewöhnlich buchst du online, bevor du aus dem Haus gehst. Heute warst du knapp dran. Aber die Anzeigetafel gewährt dir noch eine Frist. **Der Zug verspätet sich. Danke!** Du hast ein abenteuerliches Herz. Mutig näherst du dich der Versammlung um den Fahrkartenautomaten.

Und jetzt merkst du: das ist keine Gruppe, die aus dem betreuten Wohnen ausgebrochen ist. Das sind Touristen. Touristen, die sich durch das kämpfen, was »Bedienoberfläche« genannt wird. Du weißt: das ist keine Oberfläche. Das ist unterirdisch. Diese Reisenden werden niemals eine Fahrkarte aus dem Automaten bekommen. **Umso mehr Spaß macht es, ihnen zuzusehen.** Die

Bahn macht einfach glücklich! Schon vor dem Einsteigen.

Allein deiner Erheiterung dienen die vielen Fenster und Felder auf dem Display des Automaten. Die unbetreuten Touristen tippen verzweifelt darauf herum. Doch der Automat hat seine eigene **emotionale Intelligenz**. Er liebt es, Kunden zu überraschen. Er wird also nicht das Feld öffnen, das gerade ein Finger respektlos angetatscht hat. Nein, er lässt was anderes aufploppen. Da hat sich jemand Hoffnung gemacht auf ein Metropol-Tages-Ticket und hat in den entsprechenden Bereich getippt. Überraschung: Es öffnet sich das Regio-X-Angebot! »Mist, das will ich doch gar nicht!« Hallo? Was ist das denn für ein Ton?

Jetzt versuchen die Reisenden, zum Ausgangspunkt des sogenannten Menüs zurückzukehren. Sie unterstützen sich gegenseitig. »Nein, du musst da draufdrücken!« – »Quatsch, da oben!« – Egal, wo. Das wird alles nichts. Sie müssten den Stecker ziehen und dem Teil einen Restart verpassen. In Oberfranken hat mal jemand so einen Automaten **in den Orbit gesprengt**. Wenig später folgte jemand in Unterfranken. Dann einer in Brandenburg. Letztens in Westfalen. Überall fliegen die Dinger in die Luft. Es geht niemals um Geld. Es geht um verweigerte Tickets. Vielleicht ganz gut, dass keiner drin wohnt.

Die Leute hier bleiben einigermaßen friedfertig. Verblüffend! Sind die womöglich doch von **Betreuern in weißen Kitteln** sediert worden? Von geschulten Pflegekräften, die wussten: Heute wollen unsere Schützlinge verreisen, die müssen zum Ticketkauf, das wird eine Katastrophe, also rein mit der vollen Dröhnung Tranquilizer!

Auch du hast eine betreuende Seite. Die zeigst du jetzt. Diese Gäste wissen nicht, dass in deinem Bundesland mehrere Betreiber und Verkehrsverbände um die Aufmerksamkeit konfuser Kunden buhlen. Oft mit mehreren Automaten, die **untereinander nicht kompatibel** sind. Du willst also helfen. Du sagst den Verwirrten: »Falls es hier nicht klappt, da drüben steht auch noch ein Automat!« Sehr lieb von dir. Die Antwort klingt patzig: »Der ist defekt!« Ein Blick hinüber. Stimmt. »Und der dahinten hat die totale Störung!«, ärgert sich jemand. Aha. Deshalb ist die Schlange hier mittlerweile so lang. Ein Ticketkauf beim Zugbegleiter ist seit geraumer Zeit nicht mehr erlaubt.

Was für ein aufregender Reisebeginn! Das Wort »Störung« macht dich sogar auf **die unterschwellige Botschaft** aufmerksam: Die Bahn wirbt für Inklusion. Es kommt sicher gut an, wenn du das den frustrierten Anwärtern erläuterst. »Wir sollten den Anspruch an die Welt aufgeben, dass alles immer reibungslos zu funktionieren hat!«, erklärst du.

»Häh?«, macht einer. – »Gerade Störungen«, sagst du salbungsvoll, »haben für uns Menschen oft **einen tieferen Sinn!**« Du weißt zwar nicht, welchen, aber es klingt gut. Und während du dich entfernst, um cool mit dem Smartphone zu buchen, hörst du noch: »Was war das denn für einer?« Und: »In dieser Stadt sind alle bescheuert.«

Danke. Du hast dich mal wieder geopfert. Diese Leute werden nie ein Ticket kriegen. Aber für einen Moment hast du ihnen das Gefühl **geistiger Überlegenheit** zurückgegeben!

Erfolgreiches Multitasking:
DER ZUG IST SCHON WEG

Eine Möglichkeit können wir sofort ausschließen: dass *du* irgendwas damit zu tun hast. Damit, dass der Zug schon weg war, als du den Bahnsteig erreichtest. Du bist auf keinen Fall zu spät gekommen. Das nun wirklich nicht. Und falls doch, dann aus wichtigen Gründen: deine Mutter hat angerufen, oder du musstest aufs Klo, oder diese einsame Nachbarin hat dich nicht aus den Klauen gelassen. Und anschließend stand der Bus im Stau. Eine gebrechliche Seniorin ist gestolpert, du hast ihr selbstlos geholfen. Oder du hast keinen Stellplatz für dein Fahrrad gefunden. Egal, was vorgefallen ist: gänzlich **ohne deine Schuld** ist der Zug abgefahren. Und nun ist er weg. Er bleibt auch weg. Er entfernt sich sogar mit jeder Minute.

Und obwohl du die wichtigste Person bist, zumindest in deinem eigenen Leben, kehrt er nicht zurück, um dich abzuholen. Warum eigentlich nicht? Du stehst verwaist auf dem Bahnsteig, im staubigen Licht, in glühender Hitze, in eisigem Wind, im Regen, und du siehst allenfalls noch die roten Rücklichter schadenfroh kleiner werden. Warum, bitte, kann nun nicht im Zug **eine liebevolle An-**

sage ertönen: Meine Damen und Herren, wir bitten um Ihr Verständnis, wir müssen noch einmal zum Bahnhof zurückkehren, um eine besonders wichtige Person abzuholen! Ist das nicht das Mindeste, was du von der Bahn erwarten kannst? Du hast immerhin ein Ticket gelöst!

Und selbst wenn du nicht diesen verfassungsmäßig garantierten Anspruch stellen willst – eines darfst du wohl verlangen: **dass der Zug unpünktlich abfährt.** Dass er sich wie jeder normale Zug angemessen verspätet! Oder kannst du dich bei der Bahn nicht mal mehr *darauf* verlassen? Heute ist dieser Zug offenbar arglistig zur angekündigten Zeit gefahren. Wie oft passiert das denn? Was erlaubt sich die Bahn neuerdings?

Nun, sie erlaubt sich, das zu sein, wofür du sie liebst: ein Werkzeug der Weisheit. Das könntest du auch den anderen erklären, die sich jetzt nach und nach einfinden auf diesem Bahnsteig, die also noch später gekommen sind als du und denen nicht mal mehr der Blick auf die Rücklichter vergönnt ist. Es sind typische Zuspätkommer. Nach Erkenntnis der Motivationsforschung sind sie damit genau wie du: besonders **kreative und erfolgreiche** Menschen. Auch wenn sie absolut nicht so aussehen.

Sie hadern damit, dass der Zug weg ist. Magst du sie trösten? »Sind Sie häufig zu spät dran, so wie ich?«, könntest du fragen. »Das liegt daran, dass wir – also, Sie und ich – oft so viele Dinge auf einmal erledigen. Wir sind ja die **geborenen Multitasker**, stimmt's? Genau. Und wir Multitasker verlieren leichter das Zeitgefühl als eindimensionale Geister. Erfolgreiche Leute wie wir machen oft mehrere Jobs auf einmal, habe ich recht?«

Wenn die Leute dich jetzt merkwürdig anstarren, sind sie noch nicht reif. Nicht reif für die hohe Stufe der Weisheit, die die Bahn dir vergönnt hat. Schade. Sonst könntest du ihnen noch erzählen, dass sie Optimisten sind, genau wie du. Optimisten packen sich grundsätzlich mehr auf die Agenda als andere. Weil sie überzeugt sind: **Wir schaffen das.** Daran glauben sie auch noch, wenn sie längst widerlegt sind. Wir schaffen das, wiederholen sie. Du könntest diesen Satz jetzt laut aussprechen. Aber das sparst du dir. Die Leute sehen dich so unentspannt an, obwohl doch Optimisten entspannt sein sollten.

Es gibt einen weiteren Grund, warum es ein tolles Zeichen ist, dass du zu spät gekommen bist. Weil du schon bei deinem nächsten Projekt bist. Du bist angefüllt mit Ideen. Steckst voller Visionen. Dein Blick reicht **weit hinaus über den Horizont.** Weit hinaus auch über jeden Fahrplan. Pingelige Leute sind pünktlich, na klar, all die Kleinkrämer, Buchhalter, Spießbürger. Niemals aber schöpferische Genies wie die berühmten Zuspätkommer Einstein, Nikola Tesla, Steve Jobs und du!

Also, aus vollem Herzen: Glückwunsch, dass du den Zug verpasst hast! Wenn du magst, kannst du jetzt ins Bahnhofscafé gehen, wo dein Date wartet.

Hä?

Ja, deshalb bist du heute hierher gekommen. Schon vergessen? Ja, das passiert, wenn man Multitasker ist. Da kommt man bei jedem Date zu spät. Macht nichts. Er, sie, es wartet bestimmt! Und wenn nicht, siehst du bestimmt noch die roten Rücklichter! Und, ganz unter uns, das ist besser so.

Ratespaß für Fortgeschrittene:
DIE ANSAGE

Manche Leute haben es nicht weit zum Bahnhof. Die wohnen nur zwei Straßen entfernt oder direkt gegenüber. Die frühstücken in aller Ruhe. Die wandern nicht am Gleis auf und ab und ärgern sich, weil der Zug verspätet ist. Die gehen erst rüber, wenn er wirklich kommt. Und wann er kommt, das wissen sie. Denn sie kriegen die Ansagen mit.

Diese Leute sind im Vorteil. Das kehlige Stakkato aus Satzbausteinen, das auf dem Bahnsteig keiner versteht, schallt mühelos und klar hinüber zu allen Bewohnern des Viertels am Bahnhof. Während du in der Gleishalle ein Hörgerät benötigst, müssen die Anwohner nicht mal die Fenster öffnen. Besonders gemütlich finden sie es nachts, wenn die Warnungen vor durchfahrenden Zügen angesagt werden. Das tröstet sie in ihrer Schlaflosigkeit. So haben sie **Anteil am Geschehen der weiten Welt.**

Tagsüber werden sie beiläufig für den regionalen Fahrplan-Wettbewerb geschult, in dem es darum geht, möglichst viele Ankunfts- und Abfahrtszeiten auswendig zu wissen. Die haben sie alle drauf. Auf dem Bahnsteig herrscht unterdessen Verwirrung. Flehende Blicke richten sich hoch zu den Lautsprechern. Aber keiner versteht was. Das liegt an dem ausgeklügelten Soundservice. Die Ansage wird so lange zurückgehalten, **bis auf dem Nebengleis lärmend ein Zug einfährt.** Sobald dessen Dröhnen, Quietschen, Zischen das die Dezibelklimax erreicht, gibt jemand das Startsignal für die Ansage. Entweder erledigt das ein ausgefuchster Algorithmus. Oder jemand mit Schirmmütze, dem das einfach Spaß macht.

Den Job würdest du auch übernehmen, aus reiner Lebensfreude! Wenn du am Monitor sitzen dürftest, am besten hoch oben in einer gläsernen Kanzel, dann würdest du warten, bis zum Beispiel eine Schulklasse daherkommt, die lachend, jubelnd, kreischend den Widerhall der Betonwände erprobt. Auf dem Höhepunkt dieses lebensfrohen Lärms würdest du die Ansage ablaufen lassen. Und genüsslich zusehen, wie die Wartenden am Gleis verzweifelt die Hände hinter die Ohren legen. Das ist bester akustischer Ratespaß! Alte Bahner sprechen vom **Ansage-Sudoku.**

Am Kölner Hauptbahnhof bot ein Ingenieur monatelang Hörrohre aus lackierter Pappe an. Sie taten ihren Dienst und wurden binnen weniger Tage zum Hit. Der Mann verabschiedete sich beizeiten in den goldenen Ruhestand. Schade? Nein. Denn solche **Hörhilfen verzerren den Wettbewerb.** Ungleiche Bedingungen nehmen dem akustischen Quiz viel von seinem ursprünglichen Zauber. Die Botschaften aus den Lautsprechern müssen unverständlich bleiben.

Der Mensch will Rätsel lösen, bemerkte der Philosoph Gotthold Wilhelm Leibniz. Und obwohl er zweihundert

Jahre vor der Erfindung der Lokomotive lebte, darf man ihn als **Verfechter der unverständlichen Bahnhofsansage** bezeichnen. Kaum hat der Mensch eine knifflige Aufgabe gelöst, beobachtete Leibniz, verlangt ihn nach der nächsten. Nichts ist besser für diesen existenziellen Zeitvertreib geeignet als der Bahnhof.

Und das bleibt auch so, selbst wenn Technokraten die liebenswerten Horn- und Trichterlautsprecher durch exaktere Beschallungssysteme ersetzen. Lautsprecher an Pendeln und an Lichtmasten, als Perlenkette am Tragseil und als Viererstern an der Dachstütze, Schall gebündelt oder spektral verteilt, Abstrahlwinkel eng oder die halbe Halle umfassend, die Varianten werden das **beglückende Rätselraten** niemals stören.

Die reflektierenden Wände aus Glas und Beton werden weiter für raffinierte Nachhalleffekte sorgen. Nicht nur die präzise zur Ansage lärmend ein- und ausfahrenden Züge halten den Störpegel hoch. Auch die parallel, jedoch leicht zeitversetzt startenden Ansagen auf benachbarten Bahnsteigen verwirbeln die Mitteilungen aufs Allerschönste und fachen die Quizbegeisterung stets aufs Neue an. Wenn dann noch eine individuelle Ansage von der diensthabenden Aufsicht dazukommt, ist obendrein ein fast in Vergessenheit geratenes Akustikwunder zu bestaunen: die Rückkopplung.

Du kennst das alles, und du liebst es. Couch Potatoes mögen derweil zu Hause bei ›Wer weiß denn sowas?‹ wegdämmern und beim ›Masked Singer‹ die Tiefschlafphase erreichen. Du und deine Mitstreiter hier beim Livequiz, ihr bleibt wach. Denn bei diesem Ratespiel werden **körpereigene Glückshormone** aktiviert. Es ist die Herausforderung, die energetisierende Botenstoffe weckt. Des Menschen evolutionärer Antrieb ist es, Lösungen für unlösbare Aufgaben zu finden und dem heillosen Chaos einen Sinn abzuringen. Wenn das gelingt, beginnt die Flow-Erfahrung, das schwerelose Schweben in einem raren Zustand der Seligkeit. Das ergibt sich nur, wenn die Aufgaben die Grenzen der eigenen Fähigkeiten testen und nur knapp noch beherrschbar sind.

Genau das leisten die Durchsagen. Hast du die Sprachbausteine zusammensetzen können, die eben in den Lärm der Halle purzelten? Irgendeiner gewinnt das Quiz, und schafft es und verrät den Inhalt weiter. Und wenn dann alle ihre Koffer nehmen und zu einem anderen Bahnsteig eilen, schließt du dich einfach an. Denn dann wird verkündet worden sein, dass dein Zug kurzfristig woanders abfährt. Wenn jedoch alle das Bahnhofsgebäude verlassen, handelte es sich bei der Durchsage um einen Aufruf zur Evakuierung. Bei der Gelegenheit klingele einfach mal bei den Anwohnern, die bis eben noch auf Kissen aus den Fenstern lehnten. Sie sind gastfreundlich und können dir sagen, wann dein Ersatzzug fährt.

Übung in Vergänglichkeit:
DURCHFAHRT OHNE HALT

Gewöhnlich rauscht der ICE nur an Geisterstädten vorbei. An Bitterfeld oder Wolfsburg. Obwohl er dort laut Fahrplan halten soll, jagt er mit *high speed* weiter. Später heißt es: **aus Versehen.** Auch in Göttingen ist das kürzlich passiert. Dann in Freiburg. Nun erlebst du es.

Du stehst am Bahnsteig. Ein Krächzen im Lautsprecher hat deinen Zug angekündigt und zu Vorsicht bei der Einfahrt geraten. Die Lok kommt ins Blickfeld. Tatsächlich, die scheppernde Ansage hatte recht: Es empfiehlt sich, vorsichtig zu sein. Die Einfahrt geht mit **irritierender Geschwindigkeit** vor sich. Eben wolltest du deinen Koffer anheben und einen Schritt machen. Nun ahnst du, dass es schwierig wird mit dem Einsteigen. Der Lokführer denkt nicht daran, das Tempo zu drosseln. Er jagt unbeirrt weiter, mit seiner Lieblingsgeschwindigkeit. Hallo? Der Zug saust durch.

Konntest du einen Blick erhaschen auf die Wesen hinter den Türen? Hast du im Vorbeifliegen Menschen erspäht? Gesichter von Leuten, die hier aussteigen wollten? Mienen, die **ungläubiges Staunen** ausdrückten? Oder ging alles zu schnell? Ja. Sie sind schon wieder weg. Der ganze Zug ist weg. Ein Rauschen ist in der Ferne zu hören, ein Zischen noch, das war's.

»Häh?«, äußert jemand neben dir. Ein anderer erkundigt sich: »Was war das denn?« Aus Verblüffung wird Protest, Stimmen werden laut von Fahrgästen, die in diesen Zug hatten einsteigen wollen – und denen das auf überzeugende Weise verwehrt worden ist.

Alle regen sich auf. Du genießt. Du genießt dieses Ringen um die eigene Bedeutung, das sich bei jedem jetzt regt. All diese Menschen möchten wichtig sein. Wichtig genug, dass ein Zug ihretwegen anhält. Sind sie nicht. Der Irrtum ist gerade geklärt worden. »Unfassbar«, hörst du, und »das darf doch wohl nicht wahr sein« und »das glaube ich einfach nicht«.

Doch, es ist wahr. Und du glaubst es. Um den Genuss zu vermehren – zumindest deinen –, setzt du zur Erklärung an: »Wir müssen **den Lokführer verstehen**«, äußerst du. »Der kommt an so vielen Provinzbahnhöfen vorbei, an denen keinen Halt eingeplant ist. Da fällt ihm unsere Stadt gar nicht auf. Und seien wir ehrlich, unser Dortmund ist ja auch nur Provinz.« Oder Bremen oder Karlsruhe oder Fulda oder wo ihr gerade steht.

»Wie sind Sie denn drauf?«, fragt einer. »Ich habe Mitempfinden«, behauptest du. »Die Lokführer haben die Nase voll von Sonntagsphrasen wie: ›Wir müssen die Menschen da abholen, wo sie stehen.‹ Oder: ›Wir müssen die Menschen mitnehmen.‹ ›Wieso denn?‹, sagen die Lokführer. ›Müssen wir das? Nöö, müssen wir nicht.‹«

Jetzt nimmst du ungestüme Empörung wahr. Und das ist gut. Das ist gesund. Es **entlastet die Pflegeversiche-**

rung. Denn Empörung fördert den zerebralen Blutfluss, beugt also Alzheimer vor. Obendrein werden die äußeren Gliedmaßen wieder gut durchpulst, die hier schon zu lange gewartet haben und nun noch länger warten müssen.

Die unbekümmerte Durchfahrt hat jedoch noch etwas Grundlegendes gezeigt: wie bedeutungslos das Individuum ist. Jedes hält sich für **das Zentrum der Welt.** Doch die Welt benötigt es nicht. Manche Menschen merken erst im Alter, wie unwichtig sie sind. Einige noch später. Bis zuletzt wenden sie alle Kraft darauf, ihre selbst erdachte Wichtigkeit von anderen bestätigen zu lassen. Ihr Leben ist weder glücklich noch frei. Es besteht aus der Verteidigung des bröckelnden Ichs.

»Irgendwann«, lehrte der japanische Weise Muso Soseki, »stehst du am Ufer, und das voll besetzte bunte Boot des Lebens legt nicht mehr an, um dich mitzunehmen.« Das ist ein Gleichnis aus dem Mittelalter. Heute hat **der Hochgeschwindigkeitszug des Lebens** dich stehen gelassen. Du erkennst diese Übung in Vergänglichkeit. Die anderen regen sich auf. Du lächelst wie Buddha.

Pure Inspiration:
DIE WOHLDOSIERTE VERSPÄTUNG

Dein Zug sollte eigentlich schon eingefahren sein. Die Anzeigetafel überm Bahnsteig gibt keinen Hinweis auf Verspätung. Deine Lieblings-App, der DB-Navigator, bestätigt die Pünktlichkeit. Laut App ist der Zug sogar schon da! Sicherheitshalber schaust du noch mal ganz genau aufs Gleis. Da ist nichts. **Die Realität hinkt mal wieder hinterher.** Wenn die Bahnhofsuhren und deine eigene nicht täuschen, hätte dieser Zug vor sieben Minuten hier sein müssen. Und just in diesem Moment, jetzt, sollte er schon wieder abfahren. Tut er nicht, kann er nicht, ist ja noch gar nicht gekommen.

Oh, aber jetzt tut sich was auf der elektronischen Anzeige! Du entzifferst etwas wie »ca. 10 Minuten später«. Aha. Was nun folgt, ist dir vertraut. Du kannst deine Mails checken und wieder hinschauen, da heißt es bereits: »heute ca. 20 Minuten später«. Du weißt, wie es weitergeht. Ein **Korridor traumatischer Erinnerungen** tut sich auf. Von verlorener Lebenszeit, von Stunden, addierbar zu Tagen, Monaten, Jahren, vergeudet in leerem Warten. Vergeudet? Nein! Erfüllt von Inspiration! Vergeudet nur *scheinbar*, bis dir irgendwann aufgegangen ist, dass die Kreativität nirgends so gefördert wird wie von verspäteten Zügen.

Wer oft genug Bahn fährt, wird **alles und das Gegenteil von allem erleben**, hat George Stephenson prophezeit, der Erfinder der Dampflok. Tatsächlich, du hast alles erlebt. Und das Gegenteil. Es ist nicht lange her, in einer anderen Stadt, da hast du den Bahnhof *last minute* erreicht, und dann stand auf der Anzeigetafel: »ca. 50 Minuten verspätet«. Na, hast du gedacht, da habe ich mich umsonst gehetzt. Kann ich noch einen Kaffee trinken. Als du zwanzig Minuten später an den Bahnsteig zurückkehrtest, war der Zug weg. Anders als angekündigt hatte er nur fünfzehn Minuten Verspätung gehabt. Du musstest den nächsten nehmen. Der kam dann anderthalb Stunden zu spät. Kaffee hast du lieber nicht mehr getrunken.

Und so was soll **die Kreativität fördern?** Ja. Das weißt du selbst am besten. Du bist es doch, der diese tollen Begründungen ersonnen hat, stimmt's? Die PR-Leute der Bahn wollten sich nicht immer wiederholen mit »technischer Störung«, »Stellwerksstörung«, »Signalstörung«, »Weichenstörung« oder »Störungen im Betriebsablauf«. Was anderes ist auch ihren hellsten Köpfen partout nicht mehr eingefallen. Deshalb haben sie endlich dich gebeten. Dein Einfallsreichtum hatte sich herumgesprochen.

Und du hast geliefert. Du hast positiv umformuliert. Statt »Signalstörung« hast du »Reparatur an einem Signal« empfohlen; das klingt zukunftsorientiert. Für »Stellwerksstörung« bist du auf »Verfügbarkeit der Gleise derzeit eingeschränkt« gekommen. Das Wort »Störung« musste einfach weg. **Die Bahn ist niemals gestört!** Du hast dir »Vorfahrt eines anderen Zuges« ausgedacht, auch »hohes Fahrgastaufkommen« und »Unwetterauswirkungen«, später, schon kühner, »Ermittlungen des Zolls«. Die Leute wollen etwas Plausibles hören, etwas, das nach verantwortlichem Handeln klingt! Du bist auf »spielende Kinder im Gleisbett« gekommen und sogar auf »Entschärfung einer Fliegerbombe«. Das kam alles gut an. Solche Verspätungen werden vom Publikum akzeptiert.

Allerdings, dass du zuletzt »Verzögerung wegen Krötenwanderung auf der Strecke« ersonnen hast, wenig später »geschützter Wolf im Gleisabschnitt« und »**brütendes Wachtelkönigpärchen im Einfahrtbereich**«, das war und ist grenzwertig. Natürlich betrachten wir Menschen uns nicht mehr als bevorrechtigte Spezies. Das wäre ja noch schöner. Wir können und dürfen wandernden Kröten nicht zumuten, uns die Vorfahrt zu lassen. Warum sollen ausgerechnet sie später nach Hause kommen als wir? Und ein Wolf muss behutsam in eine sichere Zone geleitet werden. Doch in Ruhe abzuwarten, bis Wachtelkönigin und Wachtelkönig die Wachtelprinzen aufgezogen haben, das fällt vielen Reisenden schwer. Leider!

Wie bitte, diese Storys kommen gar nicht von dir? Hätte aber sein können! Du hast doch immer **diese absurden Entschuldigungen** parat gehabt, als du nach Unterrichtsbeginn in die Klasse stolpertest, und später, als du zu spät ins Büro kamst oder zu spät ins Seminar, zu spät zum Theater, zum Date, zur Konferenz, zur Hochzeit. Dir ist immer was eingefallen!

Ja, die Bahn ist nicht die Einzige, die zu spät kommt. Sie ist dein technischer Spiegel. Und sie tut noch mehr für dich. Sie spornt dich an. Neurowissenschaftler haben herausgefunden: Unter Spannung, beim Warten auf andere genau wie bei eigener Verspätung, wird der präfrontale Kortex aktiviert, das **Zentrum der Kreativität**. Das hat evolutionäre Gründe. In Bedrängnis soll das Gehirn Alternativen ersinnen.

Alexander Graham Bell kam der Geistesblitz mit dem Telefon in der Ungewissheit des Wartens, als seine Verlobte nicht eintraf. Thomas Edison hatte den Einfall mit der Glühbirne oder wenigstens ihrer Vermarktung, als es dunkelte und der Abendzug nach New Jersey nicht pünktlich war. Beim grollenden Warten auf verspätete Züge in ihrer Wahlheimat Frankreich kam Patricia Highsmith auf **die perfidesten Mordideen**, die sie – soweit wir wissen – vorwiegend literarisch umsetzte.

Na, bitte. Eine Prise Aggressivität gehört zum kreativen Schaffen. Und genau dafür sorgt die Bahn mit wohldosierten Verspätungen. Und sie tut noch mehr: diesen Job, für den du jetzt das Vorstellungsgespräch versäumst, den wolltest du im Grunde doch gar nicht! Diese Hochzeit, zu der du dich nun nicht rechtzeitig einfindest, die hättest du eh am liebsten vermieden. Jetzt geht es! Du bleibst Single!

Die Bahn verwirklicht **unsere inneren Entscheidungen**, die offen umzusetzen wir uns nicht trauen. Demnächst kniest du vor lauter Dankbarkeit nieder und küsst den Bahnsteig. Wir machen das Foto. Es geht um die Welt.

Evolution erleben:
DIE RESERVIERUNG WIRD NICHT ANGEZEIGT

Und zwar »aufgrund einer technischen Störung«. Klingt spannend. Denn entweder du hast reserviert. Dann wirst du gleich erleben, dass jemand anderes auf deinem Platz sitzt. Und er sieht nicht ein, warum er den aufgeben soll. Stand ja nix dran von »reserviert«. Oder du hast nicht reserviert. Dann hast du dich arglos irgendwo hingesetzt. Jetzt kommt jemand und behauptet, exakt diesen Platz habe er gebucht. Angezeigt ist das nicht. Schon kramt er nach seinem Smartphone. Er will das beweisen. Ist das denn echt, was er da vorzeigt?

Du liebst solche Szenen. Sie erinnern an eine Erkenntnis, die sich allmählich herumspricht: Der Mensch ist gar nicht die Krone der Schöpfung. Die **Revierkämpfe**, die hier in den Abteilen ausbrechen, ereignen sich überall. Sogar an Korallenriffen zwischen bunten Fischschwärmen. Sie werden in der Luft zwischen Greifvögeln ausgefochten, im Feld zwischen Kaninchen, und in der Stadt zwischen Katzen. Sie finden in der Savanne statt und im dunklen Wald. Und natürlich auf dem Affenfelsen. An *den* erinnern die Szenen jetzt am meisten. Die Bahn erteilt wieder kostenlos und anschaulich Unterricht: So funktioniert Evolution.

All diese mit Worten fechtenden und mit Armen rangelnden Menschen handeln im vollkommenen Einklang mit der Natur. Es geht **um Besitz und um Sicherheit**, um die Grundbedürfnisse jedes Lebewesens. Im Zoo richten Tiere ihren Revierkampf zuweilen sogar gegen die Pflegepersonen. In denen sehen sie Gegner. Das kann hier dem Zugbegleiter passieren. Selbst wenn er zu schlichten versucht. So ist es nun mal in den Genen codiert. Nicht jeder Wärter entkommt dem Gehege lebend.

Irgendwo, weit weg in einer verglasten Zentrale, sitzen geschulte Fachkräfte und »arbeiten kontinuierlich an einer Verbesserung der Reservierungssysteme«. Das heißt, sie saugen an ihren Smoothies und entwickeln Instagram-Witze. **Früher gab es Reservierungszettel.** Du bist zu jung, um dich daran zu erinnern. Danach gelangten die Daten auf einer CD zum Zugbegleiter. Der Bordcomputer konnte diese CD häufig nicht lesen. Das Problem kennst du vom heimischen Netzwerk. Seit einiger Zeit werden die Reservierungsdaten per Funk in den Zug gebeamt. »Das fehlerhafte manuelle Einspielen entfällt also.« Die Fehler kommen jetzt woanders her. Das ist schon mal ein Fortschritt.

Du kannst all **diese Macken nachvollziehen.** Die Defekte entstehen heutzutage durch Verbindungsabbrüche bei der Datenübertragung. Und genau das ist dir vertraut! Auf diese Weise entziehst du dich lästigen Gesprächen, etwa mit deiner geliebten Mutter: »Oh, die Verbindung wird gerade ganz schlecht!« Zugbegleiter leben so.

Obendrein gibt es in fast jedem Zug gestörte Empfangsgeräte. Für Gestörte empfindest du Empathie. Was ist das für eine Gesellschaft, in der immer alles störungsfrei funktionieren soll? Was für ein Stress wird so geschaffen? Da klinkt sich so ein empfindsames Teil schon mal aus! Und das Recht gestehst du ihm zu. Auch die Displaymodule wollen nicht immer nur funktionieren. Die möchten einfach mal total abschalten. Dass sie das ausgerechnet tun, wenn du im Zug bist, empfindest du als **liebevolles Zeichen der Solidarität**. Sie wissen: Du bist da.

Und dann gibt es natürlich noch den Fall, dass der Wagen, in dem dein Platz reserviert wurde, gar nicht erst in den Zug eingekoppelt wurde. Der ist gleich im Depot geblieben. Sehr verständlich. Willst du manchmal selbst. Der ist **nicht zur Arbeit erschienen**. Hallo? Soll man ihn zwingen? Nein. Die Leute, die Reservierungen für diesen sich regenerierenden Wagen haben, müssen sich einen anderen Platz auf dem Affenfelsen suchen. Vielleicht auf der Schattenseite, wo die Abfälle der an der Sonne Sitzenden runterregnen. Ist nur bildlich gemeint. In der Bahn liegen die Abfälle auf den Sitzen.

Oder aber die betroffenen Fahrgäste können – gern unter deiner Leitung – ins Depot fahren und ihre Plätze in dem dort gebliebenen Wagen einnehmen. Das ist mal was ganz anderes! Der Wagen bleibt natürlich dort stehen. Ist **ein alternatives Fahrgefühl**. So sanft. So still. So friedlich. Und genau dafür habt ihr ja reserviert!

Heilendes Intervallfasten:
HEUTE KEIN BORDRESTAURANT

Du hast es geahnt. Gewöhnlich weht diese bekannte Durchsage unbeachtet an dir vorbei. Du überhörst sie wie einen ausgeleierten Song im Radio. Diesmal ist es anders. Du bist verspätet aufgebrochen, ohne Frühstück, und konntest in der Eile unterwegs nichts mehr kaufen. Stattdessen hast du dir vorgestellt, wie du gemütlich in die Mitte des Zuges spazierst, in diesen etwas **edleren Wagen mit dem Holzdekor** und den roten Ledersitzen, wo es weiße Tischdecken gibt und plastikfreies Geschirr. Du würdest am Fenster Platz nehmen.

Doch die Bahn meint es wieder einmal gut mit dir. Du wirst keine Tischdecke sehen. Du hast in deiner Bescheidenheit lediglich an Buttercroissants gedacht und an das Bio-Rührei, begleitet vom Laugensnack mit Emmentaler und Kräuterfrischkäse. **Das wird heute nichts.** Wenn du es um die Mittagszeit probiert hättest, wäre das Chili con Carne eh ausverkauft gewesen. Du hättest das vegane Gemüsecurry nehmen müssen, mit diesem sonderbaren Kokosreis. Oder die Fusilli. Nichts davon. Die Durchsage lautet: »Leider verkehrt dieser Zug heute ohne Bordrestaurant.«.

Wieso leider? Das ist gut! Gut für alle, aber vor allem für dich! Oder gibt es stattdessen dieses amputierte Abteil mit Stehtischen plus Theke, Bordbistro genannt? Wo manchmal Currywurst angeboten wird? Oder ein warmes Schinken-Käse-Baguette? Nein. Kein Bordbistro in diesem Zug. Na, bitte!

Du bist von Natur aus Minimalist. Du kommst mit wenig aus. Wenn du hungrig bist, reicht dir ein Sandwich vom mobilen Snackwagen, den ein schüchterner Jüngling an den Koffern vorbei durch die Gänge manövriert. Heute allerdings nicht. Kein Snackwagen in diesem Zug. **Es wird immer besser!**

»Kommt bald der Brezelverkäufer?«, fragst du den Zugbegleiter. »Brezelverkäufer«, murmelt er, als hätte er diesen Begriff in seinem Leben noch nie gehört. »Meinen Sie den **Impulsverkäufer?**« So heißt das nämlich korrekt. »Wenn er Brezeln verkauft, dann meine ich den«, sagst du etwas patzig. Der Zugbegleiter wundert sich: »Doch nicht auf dieser Strecke!« Wie hast du nur so was denken können!

Das alles ist phantastisch. Natürlich gibt es Fahrgäste, die sich jetzt beschweren. »Schon wieder nix!«, hörst du. Oder: »Das klappt ja nie in diesem Zug!« Und: »So was nennt sich nun Service!« Ja!, denkst du. **Das ist Service.** Die Bahn dient wieder einmal selbstlos einem hohen, vielleicht dem höchsten Gut: der Gesundheit. Heute speziell deiner Gesundheit. Denn du startest jetzt, was du schon so lange geplant hast: das Intervallfasten. Nichts ist dir dabei willkommener als der Zusammenbruch der Nahrungskette!

Die Leute, denen hier im Großraumwagen so vielstimmig der Magen knurrt, die sollen gern an Kalbsgeschnetzeltes denken oder an Gemüsebolognese, wie es heute im Speisewagen angeboten worden wäre. **Über dergleichen imaginäre Verlockungen bist du erhaben.** Dir kommt auch keineswegs das Rindergulasch in den Sinn, nach ungarischer Art. Du bist völlig frei von solchen Gelüsten. Zwei Elsässer Flammkuchen oder Focaccia, gefolgt von Apfelstreuselkuchen oder Milchreis mit Zimt und Zucker. Nein, danke! Also, wirklich!

Mit solchen inneren Bildern sollen andere sich plagen. Du nimmst stattdessen teil an diesem **kostenlosen Kurs** im intermittierenden Fasten. Schon immer hast du auf »ausgewogene Ernährung« geachtet und auf »ausreichend Bewegung«. Klar. Und die meisten haben dir auf Anfrage bestätigt, dass du nicht zu dick bist.

Trotzdem. Dieses Fasten liftet dich noch höher.

Du merkst bereits, wie dein **viszerales Bauchfett** schwindet. Mit jedem Bahnkilometer sinkt dein Cholesterinspiegel. Dein Immunsystem regeneriert sich. Hattest du chronische Schmerzen? Eigentlich nicht. Und jetzt schon gar nicht mehr! Hattest du überschüssige Kilos? Sie sind nicht mehr zu sehen.

Oh, wundersamer Ausfall des Bordrestaurants! **Die Heilkraft wirkt bereits.** Wacher und konzentrierter, frischer, gesünder und schlanker verlässt du am Zielort den Zug.

»Wow!«, wirst du von deinem privaten Empfangskomitee begrüßt. »Du siehst ja richtig verjüngt aus!«

Danke, geliebte Bahn!

Alles über Wunscherfüllung:
DAS ABTEIL IST GESPERRT

Ja, das kann passieren. Dass du nicht rankommst an deinen Sitz, denn das Abteil ist verschlossen. Vielleicht hast du sogar reserviert. Und jetzt stehst du vor der gläsernen Tür und strengst deine Augen an und erspähst, wo du hättest sitzen sollen. Was für ein idyllischer Platz das gewesen wäre! Der sieht richtig gemütlich aus! Ist aber unerreichbar.

Es gibt ein Märchen, da wird jemandem ein flüchtiger **Blick ins Paradies** gewährt und gleich danach erwacht er in der Hölle. Angeblich entstand das Märchen vor der Erfindung der Bahn. Aber offenbar ist das jetzt ein Update? Und du bist Hauptdarsteller in der aktualisierten Fassung? Oder wird gerade ein Clip gedreht für ›Verstehen Sie Spaß?‹? Du lächelst vorsichtshalber, während du ratlos von der Scheibe zurückweichst. Von deiner Nasenspitze bleibt ein Fettfleck. Wenn du berühmt wärest, könntest du ihn signieren.

Bist du nicht. Du bist einfach Schüler **in der großen Lebensschule der weisen Bahn.** Mit etwas Glück stellt sie dir noch die Variante für Großraumwagen vor: Da dürfen die Fahrgäste, du zum Beispiel, den Gang benutzen, aber keinesfalls die Sitze. Die Reihen sind mit einem durchlaufenden roten Band abgesperrt. An den Sitzen vorbeigehen – ja! Platz nehmen – nein! Freche Fahrgäste, du nicht, nehmen das rote Band ab und rollen es zusammen, um es daheim in ihrer Straße zu verwenden. Von Straßenschild zu Straßenschild gespannt, lässt sich damit mühelos ein Parkplatz reservieren. Dass da was Englisches draufsteht – »this carriage must not be used« –, macht die Sache nur noch amtlicher und lässt die Nutzung des Stellplatzes für Fremde bei Strafe verboten erscheinen.

Aber das sind Kleinigkeiten. Die Bahn möchte ihren Gästen etwas viel Größeres bieten: die existenzielle Erfahrung, **dass alles Ersehnte letzten Endes nicht zu haben ist.** Niemals im Leben. Höchstens als kurze Kostprobe, die das Verlangen danach desto schmerzlicher macht. Dieses Motiv zieht sich durch die Mythen der Völker, durch die Epen, die Religionen. Bei uns ist es in Vergessenheit geraten – in einer konsumfreudigen Kultur, in der anscheinend alles zu haben ist. Diese oberflächliche Weltsicht möchte die Bahn ändern.

Sie will zeigen, dass Verfügbarkeit eine Illusion ist. Stehst du gerade auf einem Bahnsteig? Gut. Dann lässt die Bahn einen Zug einfahren, der beängstigend dicht besetzt ist. Du hast mit vielen anderen gewartet. Jetzt entdeckst du plötzlich: Da, gleich hinter der Lok, da ist ja ein Wagen mit **unendlich viel Platz!** Der ist paradiesisch leer! Auch anderen auf dem Bahnsteig ist das aufgefallen. Schon eilen sie herbei und stauen sich vor den Türen. Macht nichts. Auf den vielen freien Plätzen werden sich alle nach Belieben verteilen können.

Und dann: kein Einlass. Schluss. Die Tür lässt sich nicht öffnen. Der ganze Wagen ist gesperrt. Deshalb sitzt dort keiner. Jetzt leuchtet es ein. Aber warum, bitte, ist die Tür überhaupt verschlossen? Warum wird dieser freie Wagen – oft sind es mehrere, zwei, drei, vier hintereinander – mit **nichts als Luft besetzt** durchs Land gefahren? Damit die Sitze sich erholen? Damit der Teppich geschont wird? Damit die Fenster auf der einen Seite mal ungestört durch die Fenster auf der anderen Seite schauen können?

Es gibt fanatische christliche Sekten, die halten immer ein freies Zimmer vor – für den Fall, dass Jesus zurückkehrt. Sind diese Sektenmitglieder jetzt bei der Bahn tätig? Ist das hier der Kurswagen für **Jesus und seine Follower**? Dann möchtest du gern dazugehören, zumindest bis zur Endstation. Oder trifft das andere Gerücht zu: dass all die kulinarischen Köstlichkeiten, die im Bordrestaurant angeblich »aus« sind, in diesem Wagen transportiert werden? Zu einer privaten Party des Bahnvorstands? Verständlich, dann müssen die hungrigen Fahrgäste draußen vor der Tür bleiben.

Oder hat ein Berliner Clan für diese Fahrt etwas mehr hingeblättert, damit **weiße Päckchen** an ihren Bestimmungsort befördert werden? Also ebenfalls zum Bahnvorstand. Sind die Polster der Sitze gefüllt? Vielleicht ist alles viel harmloser. Da hinten hat sich doch eben etwas bewegt! Büffelt dort ein Zugbegleiter für seine Prüfung? Er hat abgeschlossen, um beim Lernen ungestört zu bleiben. Wir drücken die Daumen. Es soll auch Lokführer geben, die stellen das Autonome Fahren ein, um im Separée die neue Zugbegleiterin zur Besprechung zu treffen. Auch ihnen viel Glück.

All das ist möglich. Und es ist völlig bedeutungslos. Bedeutend ist allein, dass dir, dass euch, nicht mehr vergönnt ist als ein Blick in das verheißene Land. Betreten dürft ihr es nicht. Der Prophet Moses soll genau dieses Gefühl gekannt haben. Von Weitem sah er das Land, in dem Milch und Honig fließen. Es zu erreichen, **verwehrte ihm Gott.** Du kannst dich mit ihm solidarisch fühlen, mit Moses. Mit Gott fühlt sich die Bahn solidarisch.

Stell dir vor, wie schön es wäre, dort zu sitzen, mit reichlich Platz, mit unverbrauchter Luft, in Freiheit, sagt die Bahn. Ja, male es dir aus, das Paradies, und dann ab in die Hölle mit dir, zu den anderen! »**Die Hölle, das sind die anderen**«, hat ein frustrierter Fahrgast mal ins Gästebuch geschrieben. Klingt übertrieben, wird jetzt aber nachfühlbar.

Oh, ein Zugbegleiter kommt in Sicht. Frage in aller Bescheidenheit: »Können Sie den leeren Wagen nicht aufschließen?« Klare Antwort: »Nein«, sagt er, »dafür steht kein Personal zur Verfügung.« Oder: »Dieser Zugteil wird überführt.«

Du hast schon bessere Ausreden gehört. Aber es spielt keine Rolle. Das Leben besteht nicht aus der Erfüllung der Wünsche, will dich die Bahn lehren. Das Leben besteht aus dem, **was gerade der Fall ist.** Und das sind hier überfüllte Abteile, die den leeren Wagen angehängt sind. Das Paradies, möchte die Bahn dir zeigen, ist eine Vorstellung. Die Hölle ist Auslegungssache. Wenn du ablehnst, was das Leben dir gerade bietet, wirst du es als Hölle erleben. Oder zumindest als ätzenden Nervkram.

Doch du sollst glücklich sein. Und deshalb wiederholt die Bahn diese Übung in immer neuen Varianten. Irgendwann wirst du einverstanden sein mit dem, was sie dir bietet. Mit dem, was ist.

Der österreichische Eisenbahner Carl Ritter von Ghega hatte beim Bau der Semmering-Bahn mehr Hindernisse zu überwinden, als er und alle anderen erwartet hatten. Er blieb zuversichtlich. Genau wie du. »Die **Grundformel des Leidens**«, sprach er, »lautet: Es sollte anders sein, als es ist.« Das hast du verinnerlicht. Du leidest nicht. Du magst es so, wie es ist. In einem überfüllten Wagen stehen, während ein paar leere Wagen den Fahrgästen verwehrt bleiben: Was für ein schieres Vergnügen ist das!

Hohe Schule der Achtsamkeit:
DER ZUG ENTFÄLLT

Du hast es geahnt. Auf der Anzeigetafel ist erst die Verspätung angewachsen, im Zehn-Minuten-Takt. Jetzt heißt es: Der Zug fällt aus. Ganz und gar. Er kommt nicht.

Manchmal läuft es so. Und jetzt hat es dich erwischt. Es sah alles vielversprechend aus mit dem romantischen Date in der anderen Stadt. Ade. Jetzt nicht mehr. Und für den Besuch bei deiner Großtante, vor allem für die Gespräche über das Erbe, standen deine Chancen richtig gut. Dass du nun ihren Geburtstag versäumst, senkt deine Aussichten gegen Null. **Danke, Bahn.** Dieses Businessmeeting, zu dem du unbedingt persönlich erscheinen solltest, wirst du jetzt höchstens per Zoom verfolgen können; zum nächsten wird man dir den Link gar nicht erst mitteilen.

Und das ist perfekt. Die Gründe für den Zugausfall spielen keine Rolle. Gewittertief. Blockade. Böschungsbrand. Wichtig ist allein: **Die Bahn ist auf deiner Seite.** Sie hat dir den Einstieg in eine Beziehung verwehrt, die zur Hölle geworden wäre. Sie hat dir eine zermürbende Stelle erspart. Und sie hat dieses scheußliche Meeting für dich gestrichen. Stattdessen hat sie: dir eine Atempause verschafft.

Du siehst andere Fahrgäste fluchend auf dem Bahnsteig hin und her stampfen. »Eine Zumutung ist das!«, stößt jemand aus. »Immer dasselbe!«, greint ein anderer. Diese Leute sind davon überzeugt, die Bahn habe ihnen Zeit gestohlen, mindestens eine Stunde, vermutlich noch mehr. Du hingegen weißt: **die große Zen-Meisterin Bahn** beschenkt die Menschen. Sie löst die Gestressten aus dem Räderwerk der Termine, aus der durchgetakteten 24/7-Agenda, sie befreit sie aus der Sekte der Effizienzanbeter und Pünktlichkeitsfreaks.

»Don't just do something, sit there!«, rief der Achtsamkeitslehrer Thich Nhat Hanh seiner Gemeinschaft zu. Damit kehrte er die überlieferte Ermahnung um, die von Eltern über Lehrer bis zu Motivationstrainern als Erfolgsweg ausgehustet wird: »Sitz da nicht einfach rum, tu irgendwas!« Thich Nhat Hanh sprach: »Tu nicht irgendwas, sitz einfach da.« Wow. Dasitzen. Nichts tun. Ja. So klingt Erleuchtung.

Mal umsehen. Sitzen kannst du hier nicht. Die paar Betonbänke oder Drahtsessel auf dem Bahnsteig waren schon vorher belegt. Aber stehen kannst du. Oder gehen. Beides sind Achtsamkeitsübungen. Beide **Klassiker in Tai Chi und Zen-Meditation.**

Du stehst also einfach. Du spürst deinen Körper von den Zehen bis zur Kopfhaut. Du atmest aus. Atmest ein. Das bedarf keiner Bemühung. Dein Körper atmet von selbst. Das wusstest du natürlich. Trotzdem nimmst du es jetzt zum ersten Mal richtig wahr. Dein Herz schlägt von selbst. Das Blut kurvt durch die Adern. Irgendwo juckt was. Dein großer Zeh schmerzt. Etwas kitzelt am Ohr. Der Wind bürstet dein Haar.

Und das ist es schon. Gedanken flimmern über die innere Leinwand, tauchen auf und verschwinden. Entweder du spürst deinen Körper, deinen Atem. Oder du widmest dich deinen Gedanken. Daran ist nichts verkehrt. Allerdings verlangt ein Gedanke jetzt besondere Aufmerksamkeit. Er lautet: **Wenn der Zug pünktlich gekommen wäre, wäre ich jetzt schon unterwegs!**

Das trifft zu. Nützt aber nix. Den Gedanken kannst du sehen und vorüberschweben lassen. Ohne dass er dich mitzieht. Stattdessen spürst du einfach wieder deine Zehen in den etwas zu engen Schuhen. Oder das Jucken in der Nase. Niesen ist erlaubt. Du brauchst nicht stehen zu bleiben. Du magst vielleicht lieber gehen. Im Gehen fühlt sich alles ein bisschen anders an. Du merkst, wie die Muskeln in den Beinen arbeiten. Wie das Gewicht sich verlagert, die Haltung sich ändert.

Und was, bitte, soll das? Es entspannt. Es entspannt, weil du mit dieser Achtsamkeit einfach nur da bist, hier, **ohne woanders hin zu wollen.** Die Leute, die sich gerade über die Bahn ärgern und in ihre Handys meckern, die wollen lieber woanders sein. »Die meisten Menschen verbringen ihr Leben damit, woanders sein zu wollen«, beobachtete Astrid Lindgren. »An einem anderen Ort, in einer anderen Zeit, gern in der Vergangenheit oder in einer vorgestellten Zukunft.« Deshalb beschrieb Astrid Menschen, die so gut wie immer im Moment sind – Kinder. Der Spruch »Werdet wie die Kinder« bedeutet: Sei in diesem Augenblick, wie ein Kind, spielend, staunend, hier.

Okay, bist du. Dem Zeitvergehen enthoben. In der technisierten Welt hat sich das Lebenstempo in den letzten fünfzig Jahren verdoppelt. Angeblich. Nicht bei dir. Nicht jetzt. Der Kern deines Wesens ist Stille. Das merkst du gerade. Echt super gemacht von der Bahn! Statt dich in die lärmende andere Stadt zu bringen, zu einem enttäuschenden Date, einem verschnarchten Tantengeburtstag, einem geistlosen Meeting, hat sie dich deinen inneren Frieden spüren lassen. Das sind **Guru-Qualitäten.**

Die eigenen Grenzen erweitern:
DANK HOOLIGANS

Du bist noch jung. Eines aber hast du schon bemerkt: Du bist **immer zur richtigen Zeit am richtigen Ort.** Auch wenn es sich mal falsch anfühlt. Selbst wenn deine Gedanken dagegen wüten – es ist letzten Endes doch immer richtig. Du erinnerst dich an diese Familienfeier, von der du dich weggewünscht hast, und dann ist dir dort dieser eine begeisternde Mensch begegnet. An die Prüfung, durch die du gerasselt bist, weil sie zur Unzeit angesetzt war, nämlich entschieden zu früh. Und dann hast du das Fach entdeckt, das dir viel mehr liegt. Das vermeintliche Scheitern hat dich auf den Weg gebracht. Anderen Menschen geht erst im hohen Alter auf, was du jetzt schon gerafft hast: Es war und es ist alles richtig so, wie es ist.

Oder gibt es noch einen Funken Skepsis bei dir? Klaro. Und zu Recht. Denn **jetzt kommt der Härtetest.** Du bist nicht unbedingt Fußballfan, schon gar kein militanter. Du bist alles andere als ein Hooligan. Deshalb betrachtest du es als Glücksfall, dass du jetzt Bekanntschaft machen darfst mit dieser Spezies und ihrer stürmischen Leidenschaft. So etwas ermöglicht dir nur die Bahn.

Du bist nicht auf Anhieb dankbar dafür. In dem Moment, in dem diese Leute grölend den Zug entern, rutschst du tiefer in den Sitz, dein Atem geht flacher. Du hast immer behauptet, du schaust gern **über den Teller-rand deines sozialen Umfeldes hinaus**. Aber so wie jetzt hast du das nicht gemeint. Zeit und Ort der Begegnung würdest du dir gern selbst aussuchen. Zu spät. Es ist so weit. Jetzt. Hier kommen die ganz anderen Leute. **Die kulturell Andersartigen.**

Du hast das Gefühl, zur falschen Zeit am richtigen Ort zu sein. Der richtige Ort ist dieser Zug. Nur die Zeit ist falsch. Die Einstiegszeit der Hooligans.

Erst mal grölen sie nur. Mit etwas gutem Willen – und du bist ein Mensch guten Willens! – vermagst du so etwas wie Gesang zu hören. Das ist beruhigend. Eine **grundle-gende Musikalität** ist vorhanden. Ein paar ziehen Spray-dosen aus ihren Jacken. Aha. Offenbar für die gläsernen Zwischenwände. Ein **kreativer Antrieb** ist also ebenfalls nicht zu leugnen. In jedem Menschen steckt ein Künstler. Vielleicht macht einer von denen noch Karriere wie Andy Warhol oder wie Banksy, und die Wand, die er da gerade grobmotorisch besprayt, wird richtig was wert. Schon be-müht er sich, sie herauszubrechen. Vermutlich um sie **in einer fortschrittlichen Galerie** auszustellen. Die gleichge-sinnten Zuschauer johlen.

Einigen Fahrgästen weiter vorn fehlt das Verständnis für **diese urtümliche Schöpferkraft.** Offenbar haben sie um ein wenig Ruhe gebeten. Jedenfalls werden sie heftig angepöbelt. Für dich als Verhaltensforscher ist es interes-sant, diesen **Diskurs** von hier hinten, von deinem Platz aus, genau zu studieren. Du könntest mit deinem Handy

Aufnahmen machen. Nur würde das **gegen den Daten-schutz verstoßen.** Du müsstest die Betroffenen erst um Genehmigung bitten. Das passt im Moment nicht. Und wäre so ein Abfilmen nicht ohnehin tendenziell herab-setzend? Eben.

Du möchtest dich nicht über andere stellen. Du folgst dem **herrschaftsfreien Prinzip der teilnehmenden Beob-achtung.** Dennoch wäre es beruhigend, wenn die Vertre-ter dieser Spezies nicht in diesem Wagen blieben, son-dern sich weiterbewegen würden, und möglichst nicht an dir vorbei, sondern in die entgegengesetzte Richtung, sich immer weiter entfernend ans andere Ende des Uni-versums.

Jetzt müssen sie aber erst mal einen Sitz auseinander-nehmen. Dahinter steckt vermutlich **forschendes Inter-esse.** Einer hat den Nothammer aus der Halterung gehe-belt und lässt ihn krachend auf den Klapptisch sausen. Du ahnst: Der Verein dieser Ultras hat gerade das Spiel verloren. Dadurch sind **gestaute vitale Energien** in Fluss gekommen. Das ist grundsätzlich begrüßenswert.

Einer hat Packband dabei. Damit klebt er die Decken-kameras zu. Du bist selbst **skeptisch gegenüber staat-licher Überwachung.** Hat sich jemand angesehen, was die Kameras bis jetzt aufgenommen haben? Wird dieses Pro-gramm irgendwohin übertragen? Jetzt ist es vorläufig per Klebeband unterbrochen. Obwohl es gerade spannend wird. Bierflaschen splittern unter Triumphgeheul. Jeweils acht Cents Pfand opfern diese Menschen für das Spekta-kel. Dann kotzt einer. Und er kotzt richtig. Du kennst bewährte Hausmittel, möchtest **den lebendigen Prozess** aber nicht mit theoretischem Rat unterbrechen. Du schaust aus dem Fenster. Die letzten Häuser der Vorstadt entschwinden. Der Zug gewinnt das weite Land. Schön ist das.

Da vorne scheinen jetzt ein paar Alphatiere dem Drang zum Pinkeln nachzugeben. Verständlich, sie haben ja schon im Stadion viel Bier trinken müssen. Fahrgäste, **die nicht so empathisch sind wie du,** fliehen aus ihren Sitzen und eilen an dir vorbei in ein weniger befallenes Abteil. Ein paar Fans sind mit dem Nothammer aufs Klo gezogen. Da wolltest du auch noch hin. Nun hörst du, wie dort der Spiegel zerschlagen wird. Falls es nicht die Scheibe ist. Vielleicht beides.

Kein Zweifel, **diese Menschen wollen ein Zeichen setzen.** Wofür, das erschließt sich noch nicht zur Gänze. Wahrscheinlich haben ihre wahren Anliegen über lange Zeit nicht genügend Beachtung erfahren. Du kannst dir auch vorstellen, dass diese Menschen in ihrem Leben **strukturelle Gewalt** erleiden mussten. Obgleich du im Augenblick kein Bedürfnis verspürst, mit ihnen darüber zu reden. Womöglich sind sie Opfer systematischer Unterdrückung geworden, gerade in einem Fußballstadion, in dem die gegnerische Partei zahlenmäßig (aber nicht geistig!) überlegen war.

Jetzt reißen sie Teile der Deckenverkleidung heraus. Faszinierend, wie viele Kabel dahinter verlaufen! Das wusstest du nicht. Danach ist die Wandverkleidung dran. Ah, und jetzt wird manches klar. Fort mit der Verkleidung: Das ist ein symbolischer Akt, ein Appell für ein Ende des Verheimlichens, also **für Offenheit und Transparenz.** Und dafür bist du ja auch. Falls die Leute also gleich hier vorbeiziehen, könntest du signalisieren, dass du **auf ihrer Seite** bist. Besser wäre allerdings, sie zögen nach der anderen Seite ab.

Pieseln musst du nun leider auch. Mal umgeschaut – du bist der letzte Fahrgast, der im Wagen ausharrt. Das ist mutig und insofern typisch für dich. Es bedeutet aber auch, dass du unbeobachtet bist. Die Kameras sind verklebt. Wieder einmal scheint alles wie für dich gemacht! Wenn du dich gleich hier erleichterst, am Sitz, und dann unauffällig die Reihe wechselst, würde das niemandem auffallen. Es wäre **ein diskretes Zeichen der Solidarität** mit einem unterdrückten Teil der Gesellschaft. Und es würde in die Kollektivverantwortung der Hooligans mit einfließen, im wörtlichen Sinne.

Und jetzt ziehen sie tatsächlich weiter! Nach der anderen Seite! Unglaublich! Du hast ein Abenteuer erlebt. **Deine Grenzen wurden getestet, wurden erweitert.** Du wirst noch oft davon erzählen können. Nebenbei hast du bewiesen, wie wichtig dir das Akzeptieren kultureller Andersartigkeit ist.

Du bist erleichtert, in mehrfacher Hinsicht. Du hast die Challenge angenommen und bestanden. Und du bist völlig unschuldig dabei geblieben. Du hast sogar **an Unschuld gewonnen.** Das ist kennzeichnend für dich: Du warst zur richtigen Zeit am richtigen Ort.

Digital Detox forever:
WIFI@DB

In vormodernen Zeiten konnten Reisende während der Fahrt die Fenster öffnen. Der Duft der Felder, Flüsse, Wälder wehte ins Abteil. Neugierige lehnten sich sogar hinaus – natürlich nur so weit, dass ihr Schädel nicht die Signalpfosten und Pfeiler an der Strecke beschädigte. Der Wind wuschelte im Haar. Die Reize der durchfahrenen Landschaft umfächelten die Reisenden in einer sinnlichen Brise.

Das ist vorbei. Die hohen Geschwindigkeiten lassen nur noch versiegelte Fenster zu. Die Scheiben sollen wärmeisolierend sein und sind von einer **feinen Metallschicht** überzogen. Diese Schicht dämpft nicht nur das Licht und die Sonneneinstrahlung. Die ganze Landschaft erscheint kontrastarm, flach, irreal. Immer mehr Fahrgäste halten die vorüberziehenden Hügel, Seen, Dörfer für virtuell. Auch bewegliche Lebewesen werden bestenfalls als clever animiert wahrgenommen.

Die Bahn hält diese subtile Realitätsverkennung für einen gefährlichen Trend. Sie möchte gegensteuern. Sie will ihre Gäste zurückholen in die lebendige Gegenwart.

Kein weiteres Abtauchen in virtuelle Welten!, heißt es in einem vertraulichen Arbeitspapier. Stattdessen Leben live, hier und jetzt. Das pädagogische Ziel der Bahn lautet: *Digital Detox.* Und ihr wichtigstes Mittel dabei ist das **Herunterfahren der Mobilfunkverbindungen.**

Bei dir ist so eine Maßnahme nicht nötig. Du leidest nicht unter der Angst, etwas zu verpassen – unter *Fomo,* wie die Therapeuten es nennen, der *Fear of missing out.* Du ruhst in dir. Deshalb verpasst du nichts. Du bist immer da, wo du gerade bist. Und nicht im Netz. Das reicht. Andere sind mit ihren Gedanken, Wünschen, Befürchtungen stets woanders. Sie versäumen sich selbst, die Gegenwart, das Leben. Halt, spricht die Bahn, dagegen gibt es etwas! Zusammen mit Netzanbietern und Digitalexperten hat sie ein wirksames Rezept gegen Web-Abhängigkeit erarbeitet. Es heißt **Wifi@DB.**

»Natürlich möchten wir, dass unsere Fahrgäste die Möglichkeit haben, an Bord einen Film zu streamen«, verrät ein Insider. »Aber unsere Suchttherapeuten halten es für gesünder, wenn der Film alle paar Sekunden stoppt und **das Bild gefriert,** sodass der Betrachter sich in aller Ruhe vergewissern kann: Was ist denn nun Realität, was ist Fiktion? Wo bin ich eigentlich? Was sind das für Menschen hier um mich herum? Ist es womöglich spannender, etwas von den Schicksalen dieser leibhaftigen Menschen zu erfahren, als den Schicksalen imaginärer Leute im Film zu folgen?«

Bestimmt nicht. Doch die auferlegte Detox-Phase während der Fahrt kann erholsam sein. Du selbst brauchst sie nicht. Du bist von Geburt an im Erholungsmodus. Deine Gegenwart wirkt sogar erholsam auf andere. Doch die Fahrgäste, die es ständig nach Mails und Pushnachrichten dürstet, die mit Musik, News, Spielen *always on* sein wollen, die eine prompte Reaktion auf ihre geistreichen Posts erwarten, die bang die mageren Likes zählen, deren Nervensystem also in ständiger Alarmbereitschaft vibriert und die als Nebenwirkung Konzentrationsschwierigkeiten in Kauf nehmen und gestörten Schlaf für einen Beweis ihrer Coolness halten – diese User haben sich alle schon mal ein digitales Entgiften vorgenommen. Sogar ziemlich oft. Und richtig fest! Nur geschafft hat es keiner.

Speziell für sie hat die Bahn ihre Zugfahrten zur **Offline-Challenge** erklärt. Das Ticket berechtigt nicht mehr allein zur Fahrt, sondern zum automatischen Antistress-Coaching. Es zwingt sogar dazu. Dieses ausgeklügelte Smart-Relax-Programm der Bahn zeigt sich im behutsam schwächer werdenden und schließlich ganz und gar ersterbenden Wlan-Signal.

Überlasse nicht dem Cyberspace die Steuerung deines Lebens, flüstert die Bahn in ihrer unvergleichlichen Weisheit. Komme wieder mit dir selbst in Kontakt. Kehre zurück zu klarem Bewusstsein, emotionaler Stabilität und Präsenz. Entsinne dich für einen Augenblick all der glücklichen Menschen des **vordigitalen Zeitalters** und erlebe wie einst sie den Reichtum der realen Welt! An Bord unserer Züge bleibt dir auch gar nichts anderes übrig.

Und das ist gut so. Oder das *war* gut so. Neuerdings sickern beunruhigende Nachrichten aus Fahrgastverbänden durch. Demnach möchten Suchtgefährdete, die auch im Zug an der Nadel der Videokonferenzen hängen, ihre kranke **Technologieabhängigkeit zum Standard** machen.

Die metallbedampften Scheiben sollen durchlässig werden für Mobilfunksignale. Mit Lasern sollen frequenzfreundliche Raster in die Metallschicht gebrannt werden.

Ja, muss das denn sein? Wird die Bahn als **gemeinnützige Suchttherapeutin** damit nicht heimtückisch hintergangen? Darf dauerhafte Verfügbarkeit tatsächlich zum Ziel gemacht werden? Sollen die Fahrgäste in virtuelle Welten fliehen?

Menschen wie du sind aufgerufen, rechzeitig gegenzusteuern. Menschen, die auf dem Pfad der Achtsamkeit und Selbsterforschung schon weit fortgeschritten sind. Frei und friedlich in dir selbst ruhend, kannst du, ohne dass andere es bemerken, den **Rückfall Digitalabhängiger** in alte Stressmuster verhindern.

Zunächst noch gute Nachrichten: Das Lasern von Netzmustern in die Metallschicht kann unmöglich die mangelnde Netzversorgung entlang der Strecke ausgleichen. Es kann auch nicht die fehlenden Repeater in den Tunnels ersetzen. Und die sogenannte Frequenzdurchlässigkeit wird in keiner Weise helfen auf der Fahrt durch all jene Landschaften und Wälder, in denen **netzempfindliche Rehe** leben oder **funkallergische Kröten** hüpfen. Dort werden niemals Masten aufgestellt.

Das ist erleichternd. Und für den geringen Rest der Strecken reicht ein einziger gutwilliger Mensch wie du, um das digitale Entgiften zum Standard zu machen. Du reist bald mit einem frequenzdurchlässigen Zug? Oder jetzt schon? Und du hast Phone und Tablet gesundheitsbewusst in den Flugmodus versetzt? Bitte bringe ein Opfer und schalte ein! Starte einen **Download sämtlicher Staffeln** von ›True Detective‹, ›Game of Thrones‹ plus

›Crown‹. Dafür wird die gesamte verfügbare Bandbreite im Zug benötigt. Für all die Suchtgefährdeten wird das Netz damit vollständig lahmgelegt. Sie werden **drogenfrei reisen.** Nicht ein einziges WhatsApp-Bild kann nun noch angezeigt werden.

Das ist so heilsam, so kräftigend, so entspannend! Die Menschen finden zu sich selbst. Klima, Planet und die Artenvielfalt danken es dir. Die Bahn und du schützen vor der gefährlichen Virtualisierung der Welt. Detox forever!

Verborgenen Sinn entdecken:
IM FALSCHEN ZUG

Normalerweise geschieht so was nur anderen. Du hast es mal von einer Freundin gehört. Die wollte nach Stuttgart und fuhr stattdessen nach Siegen. Das habe an den unentwirrbaren Ansagen im Frankfurt gelegen, hat sie berichtet. Und an der kurzfristigen Gleisänderung. Sie sei hastig eingestiegen, und erst bei der Ausfahrt aus dem Bahnhof habe der Zug **die falsche Kurve genommen**, nach links, nach Norden. Da habe sie schon geahnt, dass es an diesem Tag etwas länger dauern und etwas teurer werden würde.

Und dann war da dieser Kollege, der als Fan zum Auswärtsspiel seines Teams gefahren war. Er hatte zwei Liter Bier zu viel intus, als er nach dem Pokalgewinn den Zug in die Heimat nahm. Es war Sonntag. Am Abend rief er dich aus irgendeinem **Nest in der Oberpfalz** an. Er hoffe, dass es am Montag eine Möglichkeit geben würde, nach Hause zu kommen. Ob du ihn im Büro entschuldigen könntest?

Als so etwas zuletzt deiner Tante passierte, hat sie behauptet: »Das lag an der knappen Umsteigezeit! Mein Gott, ich bin ja noch nicht dement!« Da bist du nicht so sicher. Sie hätte vor dem Einsteigen einen **Blick auf die Anzeigetafel** werfen können. »Ach, die Dinger stimmen doch sowieso nicht!« So ihre Abwehr. Du musstest sie aus Kiel abholen. Wäre schön gewesen, wenn sie wie geplant in Bremen angekommen wäre. Zumal sie in dem falschen Zug nachzahlen musste. Mit deinem – jedenfalls *beinahe* schon deinem – Geld, denn du willst sie ja beerben.

Aber hier, heute, in diesem Zug, in dem du gerade sitzt, tritt dir selbst der Schweiß auf die Stirn. Das darf doch nicht wahr sein! Doch, es ist wahr. **Das ist nicht der Zug**, für den dein Onlineticket gilt. All diese Leute um dich herum, die jetzt heiter ihre Kekse auspacken und die sich räkeln und ihr Tablet in Gang setzen, die wollen alle woandershin als du. Und dahin kommen sie auch. Denn sie haben den richtigen Zug genommen. Du nicht. Scheinbar.

Scheinbar? Vielleicht aber doch? »**Gott würfelt nicht**«, hat Albert Einstein geäußert. Was ungefähr so viel heißen soll: Es gibt keinen Zufall. Mal überlegen: Du hast dich im Bahnhof gewundert, warum dein Zug sieben Minuten früher abfuhr. Tja. Es war eben nicht dein Zug. Es war ein anderer, der sich erheblich verspätet hatte und nun vom selben Bahnsteig startete. Mittlerweile – es ist zehn Minuten her – müsste dein eigentlicher Zug dort einrollen. Eine schmerzliche Vorstellung. Alle Leute, die genauer hingeschaut haben als du, die steigen jetzt in den richtigen Zug.

Du nicht. Du bist hier. Im falschen Film. Eben hat der Zugbegleiter alle an Bord herzlich willkommen geheißen und den nächsten Halt angekündigt. Der wird in anderthalb Stunden erreicht sein. Vermutlich wirst du bis dahin dein Ticket vorzeigen müssen. Und ein neues lösen dürfen. **Und auf einmal entspannst du dich.** Du hast nicht den ganzen Einstein gelesen. Nicht komplett. Aber dieses »Gott würfelt nicht« ist dir im Gedächtnis geblieben. Dass nichts zufällig geschieht. Das haben auch schon andere Weise behauptet. Und dass jeder Irrtum auch seinen Sinn hat. Und sich oft sogar als glücklich erweist! Es gibt ein Wort dafür: **Serendipity.**

Woher das kommt, kannst du nachschlagen. Du hast ja anderthalb Stunden Zeit. Es bedeutet: **Du findest etwas, obwohl du etwas ganz anderes gesucht hast.** Du suchst deine Kontaktlinsen unterm Sofa und findest eine Rolex. Ist dir ja schon häufig passiert. Oder du besteigst ein Schiff, um nach Indien zu segeln. Und entdeckst Amerika.

Das ist Serendipity. Im Urlaub passiert so was dauernd. Im Restaurant bestellst du das Falsche und bist dann begeistert. Du steigst in den verkehrten Bus, und der fährt nicht zu den Highlights, sondern zu den wahren Seiten des Landes. Auch faszinierend! Am Ende ist es dann doch stimmig. Andere mögen hadern. **Du sitzt immer im richtigen Zug!**

Und du wirst nachher in einer Stadt aussteigen, der du noch nie einen Blick gegönnt hast. Sie freut sich schon auf dich. Und, klaro, du freust dich auch! Schick mal ein Selfie. Abholen können wir dich nicht. Wir sind gerade bei Gott, haben Würfeln gespielt und genießen jetzt das Ergebnis.

Beschleuniger der persönlichen Entwicklung:
KINDER

Du liebst Kinder. Sie sind so frei, so lustig! Ihre Lebensfreude steckt einfach an. Sie sind ein Jungbrunnen. Jedes
Mal, wenn du dich ganz auf sie einlässt, wenn du mit
ihnen spielst, ihre Albernheiten mitmachst, wenn du dich
inspirieren lässt von ihrer verrückten Kreativität, dann
wirst du selbst wieder zum Kind. **Jede Begegnung mit
Kindern verjüngt dich.** Obwohl, jünger als du, das geht ja
kaum noch. Oder siehst du nur so jung aus?

Eben beim Einsteigen hast du ein Abteil durchquert,
in dem drei oder vier oder fünf Kinder Fangen spielten.
Die genaue Zahl blieb unklar. Ach, ging das spaßig zu!
Mit Jubeln und mit Quietschen und Gelächter! Die Kleinen waren ganz und gar im Hier und Jetzt. Alles um sich
herum hatten sie vergessen, so fröhlich und unbeschwert
tobten sie durch die Gänge!

Du hast das genossen. Kinder haben **diese taufrische
Energie,** die uns gedankenvollen Erwachsenen so oft fehlt.
Schade, dass diese Energie sich nicht dauerhaft übertragen lässt. Wenn man's überlegt, und das tust du gerade,
trifft sogar das Gegenteil zu. Das bisschen Energie, das

den geschundenen Erwachsenen geblieben ist, das saugen die Kinder auch noch ab. Jedenfalls bist du lieber weitergegangen, obwohl du exakt in dem Wagen reserviert hattest.

Man soll ja, hast du dir gesagt, **Kinder in ihrer freien Entfaltung** nicht stören. Sie haben eh zu wenig Freiraum in unserer normierten Gesellschaft. Überall werden ihnen Grenzen auferlegt. Da ist es erleichternd, wenn drei oder vier oder fünf von ihnen auf Reisen wenigstens mal einen Großraumwagen kapern dürfen. Mit den anderen Fahrgästen als wohlwollendem Publikum, mit einigen davon als Sparringspartner und anderen als Versteckmöglichkeit.

Du findest es **pädagogisch wertvoll**, wenn die Eltern sich bei so einer Bahnfahrt nicht gleich als Aufsichtspersonen zu erkennen geben, sondern die Kleinen gewähren lassen, und zwar so zwanglos und ungeniert wie möglich. Ein bisschen entstand der Eindruck, als hätten die Eltern sich selbst in einen anderen Wagen davongestohlen, mindestens ins Bistro, um in aller Ruhe eine Latte macchiato zu schlürfen. Oder haben sie sogar den Zug verlassen an der Station, an der du eingestiegen bist? Dir kam doch so ein Paar entgegen, das wirkte extrem verstört, gehetzt, flüchtend?

Friede sei mit ihnen. Dann gehst du besser noch einen Wagen weiter, sodass eine Art Puffer entsteht zwischen dir und diesen lebhaften Kindern. Von Weitem ist es erbaulich, dieses ungestüme Temperament im Zug zu wissen, diese ursprüngliche Wildheit. **Systemsprenger** findest du **unverzichtbar als Herausforderung für die Gesellschaft**. Du selbst benötigst diese Herausforderung im Augenblick nicht. Wie wohl der Zugchef damit umgeht? Oder liegt der bereits gefesselt im Mutter-Kind-Abteil?

Du hast endlich einen erholsamen Wagen gefunden, mit dem Symbol für den Ruhebereich an der Tür: das Gesicht mit Zeigefinger auf den Lippen. Hier wird es leise sein wie im Sanatorium. Hier darf nicht mal telefoniert werden. Das Handysymbol ist durchgestrichen. Ein paar idyllische Reihen sind sogar frei und nicht reserviert. Du sinkst in den Sitz. Du entspannst dich. Du nutzt den Komfort-Check-in. Dann wird dich nicht mal die Vertreterin des verschwundenen Zugchefs belästigen. **Willkommen in der Kurzone.**

Kurz darauf zieht eine junge Familie durch den Wagen, wohl im letzten Augenblick eingestiegen, Vater, Mutter, Kleinkind, Baby. Allerliebst! Du nickst ihnen zu und lächelst aufbauend, während sie vorübergehen. In deiner Großherzigkeit **unterstützt du ihren Lebensentwurf.** Weiter so! Und vor allem weiter in den nächsten Wagen und dann bitte noch weiter, dorthin, wo andere Kinder die Reihen in Bullerbü verwandelt haben.

Oh. Das war falsch. Dein Lächeln ist missverstanden worden. Die Eltern glauben jetzt, dass du ein Herz für Kinder hast. Was ja absolut zutrifft! Du liebst Kinder mehr als alles andere! **Nur nicht hier.** Nicht im Zug. Nicht in deiner Nähe. Nicht auf Reisen. Du lächelst immer noch. Mag dieses Lächeln auch gefroren sein, du wirkst einfach nicht abschreckend genug.

Schon richten sie sich ein, in den beiden Reihen vor dir. Sie nicken dir dankbar zu, als hättest du ihnen die Plätze extra freigehalten. »Ich hoffe, die Kinder stören Sie nicht?«, erkundigt sich die Mutter etwas spät. »Überhaupt nicht!«, kommt es über deine Lippen. Und **um die Toleranz auf die Spitze zu treiben**: »Ich finde, Kinder machen diese oft so graue Welt ein bisschen heller!« Die Mutter lächelt hold. Der Vater äußert: »Manchmal ist es aber auch umgekehrt.« Oha. Hoffentlich bist du nicht in einen schwelenden Konflikt geraten.

Das Kleinkind, vielleicht ist es aber auch schon ein echtes Kind, nur eben ein kleines, hat sich neben deinem Sitz aufgebaut. Es hält sich an der Armlehne fest, die eigentlich dir gehört, und starrt dich an. Du hast das Gefühl, du müsstest dich gut benehmen. Wenn dieses Kind **die Reinkarnation deiner Großmutter** ist, wird es gleich hinausposaunen, du hättest gepopelt und den Popel unter den Sitz geklebt und solltest lieber ein Taschentuch nehmen. Hoffentlich kann es noch nicht sprechen.

»Wo bin ich?«, ruft es. Okay. Sprechen kann es. Es hat sich jetzt hinter seinen Händen versteckt. Klasse Spiel! Du willst der Mutter zulächeln, aber die stillt ihr Baby. Der Vater hat seinen Laptop aufgeklappt und beginnt zu arbeiten. **Du bist jetzt alleinerziehend.** »Ja, wo bist du denn?«, säuselst du. »Ja, wo kannst du denn sein?« Du weißt nicht, ob es sich um einen Jungen oder ein Mädchen handelt. Unter Genderaspekten findest du es falsch, dich danach zu erkundigen. Das Kind soll nicht so früh festgelegt werden, jedenfalls nicht von dir. »Wo bin ich?«, kräht es. – »Ich kann dich nirgends sehen!«, behauptest du. »Ja, du wirst doch nicht aus dem Zug gefallen sein?«

Die Mutter blickt erschrocken auf. Der Vater ist herumgefahren. Sie sagen nichts. Aber aus ihren Blicken liest du, dass deine Wortwahl für sensible Seelen unangemessen war. Möglicherweise ist das Kind sogar hochsensibel?

**Die Kamera in der Wagendecke hat den Vorgang auf-
genommen.** Gespeichert wird der Mitschnitt nur für
72 Stunden. Aber in der Frist kann jemand Einsicht fordern, betroffene Eltern zum Beispiel. In dem Fall wirst du
die Traumatherapie bezahlen müssen. »Sasha stört Sie
doch nicht?«, erkundigt sich die Mutter. »Ganz und gar
nicht«, lächelst du.

Dann wirst du auch damit einverstanden sein, dass
Sasha den Sitz vor dir in ein Trampolin umfunktioniert.
Dafür ist nur ausdauerndes Hüpfen nötig. Und du wirst
es gutheißen, wenn Sasha – du weißt immer noch nicht,
ob Junge oder Mädchen, **und das ist gut so!** –, wenn Sasha
dir über die Lehne alle Lieder vorsingt, die es im Kinder-
garten gelernt hat, etwa »Oma ist 'ne alte Umweltsau«,
»Ich kann pfeifen« und »Alle Großen haben Angst«. Du
begrüßt diese Herausforderung für alle Sinne.

Es wird dich ebenfalls nicht irritieren, wenn Sasha sich
am Orangensaft verschluckt und über den Rand des Sit-
zes zu dir rüber prustet. Du weißt ja: **Kindermund tut
Wahrheit kund.** In diesem Fall sind auch ein paar einge-
speichelte Keksbrocken dabei. Hoffentlich glutenfrei!
»Die Sachen sollten sowieso in die Wäsche«, beschwich-
tigst du. Was ja der Wahrheit entspricht. »Warum Wäsche?«, will Sasha wissen, nachdem die Mutter ihr oder
ihm die Nase geputzt hat.

Spannende Frage! Und sehr berechtigt! Du richtest
dich darauf ein, bis zur nächsten Station eine endlose
Folge von Warum-Fragen zu beantworten. **Du lernst
selbst am meisten dabei.** Denn was Erwachsene als selbstverständlich hinnehmen, stellen Kinder in Frage. Du genießt diese Überprüfung deiner schon ein wenig in die

Jahre gekommenen Weltsicht. Und du bewältigst das im sanften Babysitter-Modus. Die Eltern sind von Herzen dankbar. Denn irgendwann schläft Sasha ein.

Und erst jetzt – vorher war es wohl zu unruhig – fängt der Säugling an zu schreien. Den hattest du fast vergessen. Schön, dass auch dieser junge Erdenbürger oder diese junge Erdenbürgerin oder vielmehr, es ist ja noch undefiniert, dass dieses Wesen sich auch mal zu Gehör bringt. Und so kraftvoll! Und so nachhaltig! Tolle **Stimmbänder**, tolle **Bauchmuskulatur**. In dreißig Jahren dann vielleicht mal in der Oper! Vorerst handelt es sich mit etwas Glück um eines der beliebten Schreikinder.

Du hast noch eine lange Reise vor dir. Aber du gibst vor, an der nächsten Station aussteigen zu müssen. Du bedauerst das ausdrücklich. Und du tust es dann tatsächlich: Du steigst aus. Du winkst der Familie sogar noch von draußen zu. Total unverdächtig! **Alibi gesichert!** Und eilst dann außen am Zug flink in eine Zone, in welche dir Sasha und die Angehörigen höchstwahrscheinlich nicht nachkommen. Vielleicht zahlst du sicherheitshalber den Zuschlag für die erste Klasse. Du hast jetzt so viel gelernt in so kurzer Zeit, du hast dich dabei so entwickelt, das ist dir den Aufpreis wert.

Menschliche Nähe genießen:
IN ÜBERFÜLLTEN ZÜGEN

Du gehörst zur kleinen Elite der Fahrgäste mit hohem IQ. Wer dich kennt, weiß das. Du fährst also nicht, wenn alle fahren. Du fährst **in Zeiten geringer Auslastung**. Du begibst dich nicht zum Bahnhof, wenn Pendler einander in Massen zur Arbeit rempeln oder wenn sie sich ausgelaugt wieder nach Hause quälen. Das müssen sie ohne dich tun.

Du buchst auch kein Ticket für überschätzte Feiertage wie Weihnachten oder Ostern und Pfingsten. Im Gegenteil. Du hast die totale Überlastung der Züge um solche Zeiten schon zum Anlass genommen, deine **Teilnahme an Familienfeiern abzusagen**. Das hat sich herumgesprochen. Und wird inzwischen immer häufiger nachgeahmt.

Aber nun ist es eingetroffen. Das Worst-Case-Szenario. Trotz deiner preisgekrönten Beobachtungsgabe hast du was übersehen. Einen sogenannten Brückentag. Plötzlich sind alle Leute unterwegs. Wo kommen die her? Wo wollen die hin? Warum reisen sie exakt in dem Zug, der eigentlich für dich allein vorgesehen war? Normalerweise ist dieser Zug um diese Zeit so gut wie leer. Du brauchst niemals zu reservieren. Hast du auch diesmal nicht. **Deinem sozialen Gewissen widerstreben solche Privilegien.** Heute wären sie nützlich.

In einer endlosen Schlange, schiebend und geschoben, windest du dich durch den Gang eines Großraumwagens. Eine ebenso endlose Schlange kommt euch entgegen. Besteht sie womöglich aus Leuten, die sich am Ende des Zuges geschlossen von ihren Sitzen erhoben haben, damit du und die Deinen dort freie Plätze finden? Ja, sehr wahrscheinlich. Aber noch wahrscheinlicher ist es, dass sie glauben, in der Richtung, aus der du kommst, gebe es noch einen Platz. »An *dem* Ende ist auch nix«, könntest du sie informieren. Sollen sie es doch selbst herausfinden! **Das ist ganzheitliches Training.** Alle bleiben in Bewegung. Lediglich die, die hier eingeklemmt sitzen, kriegen Thrombosen.

Gute Idee! »Möchten Sie vielleicht lieber mal ein bisschen hin und her gehen?«, wendest du dich an einen übergewichtigen Kröterich, der schnaufend in seinem Polster hängt. »Durch das Gehen würden Sie den gefährlichen Blutstau in Ihren Beinen vermeiden.« Der Klops reagiert nicht mal. »Ernsthaft, es ist besser für Ihre Gesundheit, wenn Sie auf und ab gehen«, bekräftigst du. »Nach meinem Eindruck« – du kneifst expertenmäßig die Augen zusammen –, »ja, da bildet sich bereits ein Gerinnsel in Ihren tiefen Venen.« Und weil der Moppel so tut, als hörte er dich nicht, ergänzt du: »Ich bin Arzt.«

Selbst wenn das zutrifft, du bist bereits weitergeschoben worden. Das wird heute nichts mit dem Sitzen; jedenfalls nicht regulär. »Bitte halten Sie die Sitzplätze frei von Gepäck, sodass alle unsere Fahrgäste einen Platz finden können«, ertönt die Ansage des Zugbegleiters. Der

Mann ist **völlig ahnungslos in seiner Isolierkabine**. Am Ende eines jeden Wagens hocken Elendsgestalten gedrängt auf dem Fußboden. Die Stufen an den Ausgängen sind besetzt. Das Bordrestaurant, falls es eines gibt, ist unerreichbar. Glückliche Menschen haben sich dort für die nächsten drei Stunden hinter einer Tasse Kaffee verschanzt.

In Reportagen von indischen Zügen hast du mal gesehen, dass Reisende in den Gepäcknetzen schlafen. Warum gibt es hier keine Gepäcknetze? Stattdessen jede Menge im Weg stehende **Schrankkoffer, die** von dreisten Eignern jetzt **als Bänke vermietet werden.** Auch freie Plätze in Kinderwagen werden angeboten. Die Mütter haben die Kleinen auf den Arm gehoben, um Mieteinnahmen zu generieren. Wirst du wenigstens stehen können, womöglich sogar angelehnt, in einer ranzigen Ecke, die sich allerdings zwangsläufig nah am Klo befindet?

»Unfassbar, was die Bahn sich erlaubt«, hörst du. Oh, nein, das klingt zu negativ. Das ruft nach einer optimistischen Korrektur! »Dieses System der engen Packung bietet ein hohes Maß an Sicherheit«, merkst du an. »Im Falle einer Notbremsung wird niemand zu Schaden kommen, denn keiner kann umfallen!« Den verdienten Dank erntest du nicht für diese liebevolle Deutung. Dann greifst du eben ein Regal höher: »Der Bundespräsident hat uns jüngst aufgefordert, enger zusammenzurücken. Genau das tun wir hier! **Europa soll enger zusammenrücken,** alle Menschen guten Willens sollen enger zusammenrücken – und das sind wir ja wohl! Die verloren geglaubte menschliche Nähe, sie kehrt zurück!«

Wenn du den Gesichtsausdruck deines Gegenübers richtig einschätzt, solltest du von jetzt an sparsam umgehen mit solch edler Weisheit. **Nicht jedes deiner Worte fällt hier auf fruchtbaren Boden.** Aber du hast noch eines auf Lager. »Wir beherzigen hier den Slogan der Skater: *Ride together, die together.* Es gibt keinen schöneren Beweis der Solidarität.«

Der Zugbegleiter kommt überraschenderweise besser an. Der hat mittlerweile offenbar einen Blick durch den Türspalt geworfen. »An alle, die stehen«, lautet seine Durchsage. »Bitte verlassen Sie nach Möglichkeit den Zug. Wir fahren sonst nicht weiter.«

Bei dem Gedränge und Geschiebe ist es nicht aufgefallen, aber tatsächlich: Der Zug steht immer noch im Bahnhof! Es gibt da so eine Regel: Züge dürfen zu 200 Prozent besetzt sein. Zu mehr nicht. Immerhin! Bei 750 Sitzplätzen in einem durchschnittlich begabten ICE dürfen demnach 1500 Leute mitfahren. Ist diese Zahl denn hier schon überschritten? Hat der Zugbegleiter persönlich durchgezählt? Oder ist **künstliche Intelligenz** am Wirken?

Egal. Wer aussteigt, bekommt einen 25-Euro-Gutschein und darf, selbst bei einem zuggebundenen Sparticket, mit einem anderen weiterfahren. Ja, warum nicht? **Das ist eine Art Mikroabenteuer.** »Haben Sie nicht gehört, Sie sollen aussteigen!«, sagt dein Gegenüber etwas unfreundlich. Er steht genau wie du. »Ja«, sagst du höflich, »das mache ich, dann haben Sie mehr Platz.« Die Tür hat sich bereits geöffnet. Du bist der Erste. Vorbildlich wie immer.

»Ich bin übrigens **Superspreader**«, informierst du den Zurückbleibenden noch. »In diesem Zug dürfte meine

Aufgabe erfüllt sein. Ich schaue mal, dass ich noch einen anderen finde.«

So bist du. Immer um das Wohl der Bahnkundschaft besorgt. »Ich finde ja dieses Skater-Motto sehr schön: *Ride together, die together*«, äußerst du von außen. Nun steigen noch mehr aus. Es wird luftiger im Wagen. Hier und da entsteht sogar der bewährte Hygieneabstand. Mal sehen, ob sich das fortsetzt. Dann steigst du nebenan wieder ein.

Wegbereiter der Renaturierung:
DER ALTERNDE BAHNHOF

Vorzeigeprojekte wie Berlin, München und irgendwann Stuttgart sind nicht nur Milliardengräber. Sie sind auch ungemütlich. Wenn du aber irgendwo anders aussteigst oder abfährst oder länger warten musst, umfängt dich eine magische Atmosphäre. Die Atmosphäre des vergessenen Bahnhofs. Züge halten hier noch. Aber ungern.

Das Gebäude wirkt baufällig. Gerade das macht den Zauber aus. Risse gliedern die Fassade auf malerische Weise, anmutig bröckelt der Putz, die Scheiben sind reizvoll verklebt. All das strahlt eine wehmütige Faszination aus. Musst du, um **morbiden Charme** zu erleben, nach Venedig reisen? Das musst du nicht. Du hast diesen Bahnhof.

Nüchterne Naturen mögen hier nur Verfall und Tristesse zu erkennen. Du hingegen, mit deinem poetischen Herzen, siehst die melancholische Schönheit. Zu diesem Bahnhof gehörte einst ein Kiosk. Türen und Fenster sind längst mit Holz und Lochblech verrammelt, die Bänke zerbrochen. Wer, fragst du tiefgründig, mag hier einmal **gelebt und gezecht** haben, warum wurde dieser Ort aufgegeben, welche Geschichten hat er zu erzählen?

Vermutlich keine. Niemand steht unter dem schiefen Unterstand. Niemand wartet im Wartehäuschen. Du traust dich näher und schnupperst, schon begreifst du, weshalb. Ja, da ist es wieder, **das Venedig-Gefühl!** In der sogenannten Lagunenstadt verfaulen die Stützpfeiler. Das riecht ähnlich.

Nanu? Was huschte da eben über den Vorplatz? Gut aufgepasst! Mit deiner Beobachtung bist du qualifiziert, **an der aktuellen Nabu-Zählung teilzunehmen.** Denn du befindest dich hier in einem Naturreservat. Das Bahnhofsgebäude wurde vor Jahren an private Investoren verkauft. Beim Bieterverfahren hat die Bahn streng darauf geachtet, dass die neuen Eigner ökologisch denken.

Und das tun sie. Verantwortungsvoll überlassen sie das Gebäude denjenigen, die es wirklich brauchen: den Gräsern und Kletterpflanzen. Und natürlich unseren pelzigen grauen Freunden mit den gesunden Nagezähnen. Obendrein noch den letzten brütenden **Nachfahren der Flugsaurier,** denjenigen, die auch auf dem Markusplatz in Scharen die Touristen erfreuen.

Falls andere Wartende auf dem Bahnsteig die Tauben mit Skepsis betrachten, oute dich als **Experte für Renaturierung.** »Ist diese Rückkehr der Natur nicht ermutigend?«, wendest du dich an die Wissbegierigen. »Ist Ihnen bekannt, dass Tauben vegetarisch leben? Ja! Anders als fast alle anderen Vögel produzieren die Tauben aus Blättern, Samen, Knospen eine sogenannte Kropfmilch. Und damit ziehen sie ihre Nachkommen auf. Strictly vegan! No meat, no cry!«

Du machst dir nichts draus, dass die Leute unauffällig von dir abrücken. Obwohl du sie expertenmäßig mit der

Ökologie der Bahnhöfe vertraut machen könntest: Eine Vielfalt von Gräsern sprießt zwischen den Pflastersteinen des Bahnsteigs, Löwenzahn erblüht aus dem Schotterbett der Gleise, Efeu überwuchert das Bahnwärterhäuschen. Die Bahn tut alles – oder vielmehr sie *lässt* alles, damit die Natur die Ruinen zurückerobert. Vor allem, wenn es noch keine Ruinen sind.

Falls der Bahnhof größer ist und als Visitenkarte einer Stadt dient, fühlt sich die Natur womöglich zurückgedrängt. Doch du wirst bemerken, dass brüchige Treppenstufen oder Stolperfallen schon lange nicht mehr repariert, sondern nur noch farblich markiert werden. Das soll signalisieren: **Hier bitte nichts tun, hier soll mal was grünen.** Um das Wachstum zu fördern, tropft an vielen Stellen irgendwas von der Decke. Fange ruhig einen Tropfen mit der Zunge auf. Diese Flüssigkeit dient nicht nur der Vegetation. Damit kommt die Bahn dem Wunsch vieler Reisenden nach, **kleine Erfrischungen kostenlos** anzubieten.

Du suchst eine größere Erfrischung? Du wünschst einen Power Booster? Kein Problem. Auf größeren Bahnhöfen wirst du viele kostenlose Spritzen ausgelegt finden. Die meisten wurden bereits benutzt. In dieser Mehrfachverwendung erkennst du das verantwortungsvolle Handeln der Bahn im Sinne des **klimafreundlichen Recyclings.**

Schade, dass so wenige Reisende das zu schätzen wissen! Dass zu viele mit hochgezogenen Schultern und Tunnelblick durch die Gänge hasten! Sie genießen nicht das Cardiotraining, zu dem die defekten Aufzüge einladen. Sie würdigen kaum die menschliche Nähe in der Enge der Katakomben. Sie übersehen die **fragile Schön-**

heit morscher Sichtbetondecken. Zwischen Asia-Imbiss und Brezelstand quetschen sie sich widerwillig an Attrappen von Bauzäunen vorbei, die extra als sportliche Challenge dort aufgestellt wurden!

Die Bahn tut so viel für die **Versöhnung von menschlicher Gesundheit und Renaturierung.** Schön, dass du zu den wenigen gehörst, die das würdigen.

Selbsterkenntnis durch Andersfühlende:
IM BORDRESTAURANT

Jemanden wie dich sieht man gern im Speisewagen. Du adelst ihn. Dank deiner exklusiven Besuche hat er das sprachliche Upgrade zum **Bordrestaurant** geschafft. Danke.

Obwohl du eher unbeabsichtigt dahin gerätst. Gewöhnlich nimmst du genug zu essen mit auf Reisen. Aber es kommt vor, dass du ohne Reservierung zusteigst, und in den Großraumwagen und Abteilen scheint alles belegt zu sein. Freie Plätze gibt es allenfalls neben Leuten, deren Anblick sofort klarmacht, warum sich niemand neben sie setzt. **Mit deinem psychologischen Geschick** könntest du ihnen den Grund nahebringen. Doch diese Therapiestunde würden sie nicht würdigen, geschweige denn bezahlen.

Also gehst du ein Bier trinken. Das Bordrestaurant ist gut besucht. Du wirst es nicht für dich allein haben. Zur Verfügung stehen Einzelplätze an Vierertischen, an denen Paare tuscheln oder drei Führungskräfte über Effizienz debattieren. Platz ist nur noch an einigen Zweiertischen, an denen man halb im Gang sitzt. Abgestellte

Koffer verlangen dir einen **tänzerischen Slalom** ab. Der verdiente Beifall bleibt aus.

Ein paar Gäste haben dich bei deinem Eintreten skeptisch gemustert. Einige haben den Freiraum neben sich rasch mit Speisekarten und benutztem Geschirr belegt. Sie könnten dir erklären, warum sie auf deine Gesellschaft jetzt keinen Wert legen. Mit ihrem psychologischen Geschick würden sie dir das schonend beibringen. Aber zunächst mal hofft jeder, dass der Kelch an ihm vorübergeht. Der Kelch bist du.

Hilft nichts. Jemanden, der harmlos aussieht, fragst du harmonisierend: Ist hier noch frei? Und setzt dich. Klar, der andere hat **ältere Besitzrechte**. Du versuchst, sie durch Freundlichkeit zu egalisieren. Du weist auf die Landschaft hin, die draußen vorbeizieht. Viel fällt dir dazu allerdings nicht ein. Deine Tante, die dich vor Jahren mal in den Speisewagen eingeladen hat, meinte, man komme hier »mit wildfremden Leuten« ins Gespräch. Und das sei »total inspirierend«.

Möglicherweise ergreift dein vereinsamtes Gegenüber unaufgefordert die Gelegenheit und fängt an und redet sich warm und liefert einen umfassenden Lebensbericht ab, gefolgt von **geistreichen Kommentaren** zum Stand von Politik und Gesellschaft. Meinte deine Tante das? Du wirst jedenfalls mit einem einzigen Bier nicht auskommen. Am besten bestellst du noch einen betäubenden Absacker dazu oder zwei. Du könntest zum Bericht deines Gegenübers solidarisch ein paar frühkindliche Traumata beisteuern. Aber dir wird ja das Wort nicht erteilt.

Ebenso kann dumpfes Schweigen herrschen. Deine zarten Gesprächsangebote – »das Wetter scheint ja doch noch besser zu werden« – versinken gegenüber diesem **Stieselgemüt** wie in dunklem Morast. Dann wirst du ebenfalls mit einem einzigen Bier nicht hinkommen.

Solltest du dich dazu durchringen und etwas zu essen bestellen – **der Kellner wird deine Anwesenheit irgendwann würdigen,** wenn auch erst kurz vor deiner Station –, dann überlegst du dir, wobei genau dein Gegenüber dir zusehen soll. Wenn er oder sie sehr vegan wirkt, wäre es unsensibel, Chili con Carne oder Currywurst zu bestellen. Das Rührei müsstest du in dem Fall ohne Lachs wählen. Du bist bekannt dafür, dass du auf Andersfühlende Rücksicht nimmst. Gemüsemaultaschen wären erlaubt, das Porridge auch, auf der Karte als »innovatives Haferprodukt« eingeordnet.

Innovativ? **Jetzt wirst du richtig mutig.** Du bestellst »unsere Fleischalternativen auf pflanzlicher Basis«. Also pflanzliches Hähnchenfilet, hier Planted Chicken genannt. Oder Planted Pulled Pork. Die Würzung macht den Unterschied. Die pflanzliche Basis besteht aus Erbsenfasern oder Linsenprotein oder dem begehrten Weizengluten. Her damit. Du weißt: Unmittelbare Gefahr besteht nicht. Genau wie der orientalische Linsensalat **entfalten diese Produkte ihre nachhaltige Wirkung** erst, wenn du den Zug verlassen hast und einen langen Spaziergang durch einsame Gegenden unternimmst. Ob das Methan ist, was da ohne dein Eingreifen kubikmeterweise produziert wird und das dann – als werbender Gruß vom Bordrestaurant – in die Ozonschicht aufsteigt, das muss dir gleichgültig sein. Überleben ist das Wichtigste.

Und das hast du geschafft. Diesmal ist in der Bordküche kein Tiefkühlschrank ausgefallen, die Kaffee-maschine hat nicht den Geist aufgegeben, die Bierzapf-anlage spendete ohne Mucken. Es wurde auch keine »Ersatzbewirtschaftung« ausgerufen. Bei Ausfall der Kühlung wäre die Notkarte gezückt worden. Du hättest die Wahl gehabt zwischen Snickers, Oreos und Erdnüs-sen. Das kommt vor. Diesmal nicht. Du hast sogar die **Ruckelstrecke zwischen Karlsruhe und Baden-Baden** überstanden, ohne dass dein Kaffee komplett über den Tisch geplatscht ist. Bei den zahllosen Weichen auf dem Abschnitt sind in der Küche bereits spektakuläre Unglü-cke mitgefilmt worden. Heute nicht. Beim nächsten Mal wieder.

»Was mir aufgefallen ist«, teilst du deinem stumpfsin-nigen Gegenüber mit, denn jetzt kommt es nicht mehr drauf an, du steigst gleich aus. »**Das Bordrestaurant ist wie das Leben.** Es gibt lauter Angebote, die man nicht braucht. Die eigenen Wünsche werden selten berücksich-tigt. Man ist mit Leuten zusammen, die man sich nicht ausgesucht hat. Und dass mal alles klappt, ist die absolute Ausnahme. Trotzdem kommt es vor. Und man selbst kommt einigermaßen heiter durch.«

Die Dumpfbacke starrt dich an und rafft sich zu einer Ergänzung auf: »Vor allem ist das Ganze hochdefizitär.« Das stimmt wohl. Davon hast du jedenfalls mal gelesen. Mit den Speisewagen wird nichts verdient. Die sind für die Bahn ein reines Zuschussgeschäft. Und **ein Zuschuss-geschäft ist dein Leben ja auch** irgendwie. »Sie haben recht«, lobst du dein Gegenüber, während du dich verab-schiedest. »Im Leben investiert man auch mehr, als man rauskriegt.«

»Ja, bei Ihnen ist das bestimmt so«, grinst die Backe. »Habe ich mir gleich gedacht, als ich Sie gesehen habe.«

Na, bitte! Du bist mit wildfremden Leuten ins Gespräch gekommen. Es war total inspirierend. Du weißt, **warum du nächstes Mal K.-o.-Tropfen mitbringst.** Aber jetzt folgt erst mal der lange Entlastungsspaziergang.

Solidarität mit Entwicklungsländern:
AUF DEM WC

Deine Großeltern erinnern sich noch an Bahnfahrten, da waren die Klos nach unten offen. Sobald man die Spülung betätigte, ging eine Klappe auf, entsorgte alles und man konnte die Gleisschwellen dahinsausen sehen. Solange der Zug am Bahnhof hielt, sollte man sich **bitte zusammennehmen**, selbst wenn auf einen verspäteten Zubringer zu warten war. Und bei der Fahrt über eiserne Brücken, die über Täler mit Häusern und Gärten führten, sollte ebenfalls Disziplin geübt werden.

Du erinnerst dich auch noch an solche Fallrohrtoiletten? Dann bist du kürzlich in Swasiland unterwegs gewesen oder in Frankreich. In Deutschland sind die letzten Modelle vor drei Jahrzehnten abgeschafft worden. Ob man sie jetzt, mit der Begeisterung für ökologische Düngung, wieder einführt, wird debattiert. In deinem speziellen Fall wäre das ohne Weiteres möglich. Was du von dir gibst oder von dir lässt, genügt höchsten biologischen Standards. Das erreicht sogar **EU-Badewasser-Qualität**. Bei deinen Nachbarn hingegen mag man sich das nicht vorstellen. Aus deren Hinterlassenschaften lässt sich kein leckeres Gemüse züchten. Jedenfalls würdest du es nach Studium der Herkunftsbezeichnung zurückweisen.

Also, du – und du speziell – bist herzlich willkommen in den Sanitärzellen der Deutschen Bahn. Aber magst du dich überhaupt hinbegeben? Aktuellen Umfragen zufolge gehen vier Fünftel der Reisenden am liebsten bei sich zu Hause aufs Klo. Woanders nicht so gern. Und im Zug schon gar nicht.

Die Vorbehalte beginnen bereits beim **Verlassen des Sitzplatzes.** Wann immer du mit mehreren unterwegs bist, mit deiner Wandergruppe oder deiner Diebesbande, ist es unproblematisch. Die anderen werden schon auf deine Sachen aufpassen. Zu zweit geht es auch.

Aber was musst du alles mitnehmen, wenn du allein gehst? Den Laptop, das Tablet, das Smartphone, das Geld, die Ausweise, Tresorschlüssel, das Drehbuch, das dir den Durchbruch verschafft … am besten gleich das gesamte Handgepäck, den Rucksack, die geräumige Tasche. Es wird schwierig sein, alles **in der WC-Zelle an den Haken** zu hängen. Vorher musst du noch mit etwas billigem Abgenutztem, etwa deinem Pullover, deinen Platz als besetzt kenntlich machen.

Auf geht's. Oh. Doch nicht. Zu lange gezögert. Gerade, als du dich erhebst, leuchtet über der Tür das WC-Zeichen hellrot auf. Da war ein anderer schneller. Du kannst wieder Platz nehmen. Mal sehen, für wie lange. Wenn das Besetztzeichen allzu beharrlich leuchtet, musst du der sanitären Klimaanlage anschließend Zeit geben, **die Luft in der Zelle durchzumischen und aufzufrischen.** Das wird dauern. Und wenn du dich dann endlich erhebst, tja, dann leuchtet es womöglich wieder rot auf.

So kann das Spiel gehen. Und weil du das weißt, hast du die Flüssigkeitsaufnahme bereits Tage vor Reisebeginn reduziert. Denn dir ist noch mehr bewusst: Sofern du nicht Erstbenutzer bist, wirst du alles vorfinden, nur keinen appetitlichen Raum.

Bereits die Klinke zu drücken, wird **Überwindung** kosten **oder einen Handschuh.** Es sei denn, du hast eine der großzügigen Kabinen für Menschen mit Behinderung ergattert. Der Sitz dort ist verblüffend erhöht und mit Haltestangen versehen. Zum Öffnen der Kabine genügt ein Knopfdruck. Die Türen gleiten fabelhaft weit auf, wenn auch in Zeitlupe. Noch langsamer gleiten sie wieder zu. In der Frist, in der du das Schließen abwartest, spazieren Fahrgäste vorbei und schauen rein, stirnrunzelnd. Sie glauben dir deine Behinderung nicht. »Wir sind alle behindert!«, könntest du ihnen zurufen. Oder noch zutreffender: »Nicht ich bin behindert, die Gesellschaft behindert mich!« Aber die Leute sind schon weg. Sollst du ihnen zwecks Erklärung nachlaufen?

Nicht nötig. Du hast eh keine dieser raren Örtlichkeiten gefunden. Vielmehr siehst du eine Tür vor dir, durch die du nur passt, weil du zuletzt so hartnäckig beim Intervallfasten warst. **Der Atem stockt, der Blick wird eng,** das Grauen kräuselt die Kopfhaut. Mach's einfach kurz. Pfützen bedecken den Boden. Mit etwas Glück bestehen sie aus Wasser. Die Fetzen Papier, die ringsum verteilt sind, mögen der Funktion des Handtuchspenders geschuldet sein. Der ist so konstruiert, dass er entweder gar nichts herausrückt oder nur zerkleinerte Reißware oder aber einen dreifachen Zehnerpack.

In dieser Nasszelle möchte niemand unnötig etwas berühren. Deshalb übersteigt der Papierverbrauch denjenigen eines mehrstöckigen Großraumbüros. Vorsicht! Der Behälter, in den die gebrauchten Tücher entsorgt werden sollen, hat eine Klappe mit **extra gestraffter Feder**. Die Kunst, ihn zu öffnen, das Papiertuch komplett verschwinden zu lassen und ohne Amputation davonzukommen, erfordert höchste Konzentration. Diese Kunst ist übrigens Teil eines jährlichen Wettbewerbs unter Zugbegleitern. Wer es schafft, darf in den Bahn-Aufsichtsrat.

Wirst du dich setzen? Nope. Du gehörst eh nicht zu denjenigen, die den Rand der Schlüssel oder die ganze Brille akribisch mit Klopapier abdecken. Nach Verrichtung soll das dann alles mit in die stählerne Schüssel. Dort bewirkt der Plunder eine Verstopfung mit sogleich folgender Schließung der Zelle für den Rest dieser und weiterer Fahrten.

Nein. Du kommst vom Völkerrecht und zeigst dich solidarisch mit den zahllosen Ländern dieser Welt, in denen Stehtoiletten der Standard sind. Sie werden auch Hocktoiletten genannt, weil die Nutzerinnen und Nutzer in jenen Ländern in der Lage sind, **leicht in die Knie zu gehen und in der Kniebeuge auszuharren**. Du hast vernommen, dass Hocktoiletten gewisse Vorteile bieten, vor allem anatomisch, durch die Streckung des letzten Dickdarmabschnitts. Nachteile gibt es auch. Die Verrichtung erfordert eine gewisse Kunst oder Erfahrung. Die hast du selbstverständlich. Aber diejenigen, die sich vor dir hier versucht haben, die lernen noch.

Dass die Stahlwände der Schüssel **nicht haftabweisend** sind und Rückstände mit sich führen von längst verstorbenen Reisenden und von Fahrten auf fernen Strecken, hat eine Petition ins Leben gerufen, die im Web kursiert. Die Online-Aktivisten dringen auf Teflonbeschichtung. Du hast nicht unterzeichnet. Aber tatsächlich haut das nicht so richtig hin mit der Spülung und der Unterdruckabsaugung. Nur falls dein Portemonnaie oder Handy in den Orkus stürzt, wird alles sofort und rückstandsfrei abgesaugt. Mag sich später irgendjemand bei der Entleerung des Tanks darüber freuen. Du willst die Teile nicht mehr.

Aber das Ganze ist nicht dein Thema. Du widmest dich einem viel höheren Zweck. Die Bahn will ja nicht nur in geistigem Sinne uns allen eine Schule des Lebens sein. Auch in körperlicher Hinsicht. Mit dem Zustand der Toiletten möchte sie etwas fördern, was weite Teile der Bevölkerung leider noch immer vernachlässigen: das **Beckenbodentraining.**

Der Beckenboden ist das Muskelgeflecht zwischen Schambein und Steißbein. Viele wissen nichts von diesem Muskel. Ist auch nicht nötig. Denn durch tapfere Zurückhaltung während einer langen Bahnfahrt wird dieser Muskel von selbst trainiert. Durch bewusstes oder unbewusstes Zusammenziehen. Dadurch wird er kräftig, dadurch wird er stark. Und **niemand weiß besser als die Bahn:** Ein starker Beckenboden unterstützt nicht nur die Schließfunktionen oben, unten, vorn und hinten. Ein starker Beckenboden steigert überdies die Freude am Sex.

Ja, tatsächlich. Jede Bahnreise, bei der du nicht aufs

Klo gehst, macht dich noch sexier. Kaum zu glauben, dass in deinem Fall eine Steigerung überhaupt möglich ist. Und doch geschieht sie. Du verlässt den Zug mit noch mächtigerer **erotischer Ausstrahlung** als beim Einstieg! Applaus!

Befreiung vom Stress:
STILLSTAND IN DER PAMPA

Eigentlich war es nicht mehr lang hin. Zwanzig Minuten höchstens. Du wolltest gerade deinen Laptop zuklappen. Nun überlegst du es dir. Der Zug ist immer langsamer geworden, zuletzt ist er nur noch geschlichen. Und jetzt hält er an.

Du blickst aus dem Fenster. Auch andere wundern sich. **Ein Bahnhof ist nicht auszumachen.** Als du das letzte Mal rausgeschaut hast, geriet ein Stationsschild kurz in den Blick, windschief auf einem schmalen Bahnsteig. Im Vorüberfliegen war es nicht zu entziffern. Aus einem Streckengebäude lehnte eine Frau, wie von einer Zauberin dorthin verbannt. Der Zug überquerte einen blinkenden Kanal, ein paar überwucherte Gebäude kamen ins Bild, Laubenkolonien, dann nur noch Äcker, Wiesen und ein bisschen Mischwald in einem milde geschwungenen Land. Du hast gegähnt und dich deinem Laptop gewidmet oder deinem Audiobook.

Jetzt, da der Zug hält, blickst du wieder nach draußen und hast den Eindruck, dass sich wenig geändert hat. Weideflächen mit Pfützen, schiefe Zäune, Brachlandschaften. Ein Pulk Windräder in der Ferne, die Haube eines Kirchturms zwischen Kastanien und ein altes Silo. Dort mag ein Dorf sein.

Du siehst auf die Uhr. Andere tun das auch. **Es knackt im Lautsprecher**, als sollte gleich eine Durchsage kommen. So was wie: »Sehr geehrte Fahrgäste, wir können zurzeit nicht weiterfahren.« Dann die Angabe eines Grundes. Aber da kommt nichts.

Die Influencerin ein paar Reihen weiter, die am Handy eben lauthals verkündet hat: »Wir sind bald da!«, ist leise geworden. »Nee«, teilt sie jetzt ihrem fernen Gesprächspartner mit. »Wir stehen gerade, keine Ahnung, irgendwo in der Pampa, ich weiß auch nicht, was los ist.«

Niemand weiß das. Deshalb entsteht eine leise Unruhe. Nicht dass die Leute gestikulieren oder aufstehen und im Wagen herumrennen. Das tut höchstens das Personal. Jemand in Bahnuniform eilt plötzlich durch den Wagen, dann noch einer, nach vorn, Richtung Lokomotive. Warum das denn? Ist da was nicht in Ordnung? **Braucht der Lokführer Hilfe?**

Solche unausgesprochenen Fragen kreisen durch den Schädel. Niemand zeigt Nervosität. Höchstens dass hier und da Finger auf eine Lehne trommeln oder auf einen Klapptisch. Alle geben sich gelassen. Doch darunter gärt es. Denn der Stillstand zieht sich.

Dir fällt etwas ein, was du mal in der Schule gelesen hast, von einem verblichenen Poeten. Er beschreibt eine Autopanne und wie er dem Fahrer beim Radwechsel zusieht: »Ich bin nicht gern, wo ich herkomme. Ich bin nicht gern, wo ich hinfahre. Warum sehe ich den Radwechsel mit Ungeduld?«

Du weißt, weshalb. Und du weißt, weshalb allen unbehaglich zumute ist, je länger der Stillstand währt. Weil dieser erzwungene Halt ein **Zwischenzustand** ist. Nicht mehr dort und noch nicht da. Vielmehr im Nirgendwo, an unbekanntem Ort, in der Schwebe, unfreiwillig, uninformiert, ohne die Möglichkeit, sich aus eigener Kraft zu befreien.

So ein unbehaglicher Zwischenzustand heißt im Buddhismus *Bardo*. Für gewöhnliche Personen ist er quälend. **Für jemanden wie dich ist er befreiend.** Das berühmteste tibetische Buch handelt genau von diesem Befinden. ›Bardo Thödol‹ heißt es. Übersetzt: Befreiung im Zwischenzustand. Nicht *aus* dem Zwischenzustand. Sondern *im* Zwischenzustand. In exakt so einem Zustand – das Alte ist verlassen, das Neue noch nicht erreicht – ist Befreiung möglich.

Befreiung wovon? Von dem Gefühl, der Zeit unterworfen zu sein, irgendwohin zu müssen, etwas erreichen zu müssen, noch nicht angekommen zu sein. Du musst nirgendwohin. Nirgends wird mehr sein als hier. Du musst nichts erreichen. **Dies ist es schon.** Dieser Augenblick enthält alles. Das lehrt der Stillstand. Lehrt die Pampa. Lehrt die Bahn. Danke.

High-Class-Talks im Ruhebereich:
DAUERTELEFONIERER

Du bist tiefenentspannt. Äußere Unruhe bringt dich selten aus der Fassung. Du zählst zu jenen raren Persönlichkeiten, die der Zen-Meister Shunryu Suzuki meinte, als er sprach: Mitten im Lärm verbleiben sie in der Stille.

So ist das bei dir. Im Kern deines Wesens spürst du **unerschütterlichen Frieden.** Gleichwohl bevorzugst du auf Bahnfahrten die Abteile, die als Ruhebereich gekennzeichnet sind. Piktogramme weisen den Weg: ein durchgestrichenes Handy und ein Gesicht mit Zeigefinger auf den Lippen. Psst, steht daneben.

Das ist die Lounge auf Schienen. Aufgesucht wird sie von Menschen, die für ihre Telefonate eine **diskrete Umgebung** schätzen. In den gewöhnlichen Abteilen ist die Geräuschkulisse oft so lebhaft, dass die fernmündliche Verständigung leidet. Dort muss man beim Telefonieren die Stimmbänder strapazieren. Nicht so im Ruhebereich. Hier sind ausgiebige Telefonate in gewöhnlicher Zimmerlautstärke möglich. Die Stimme noch weiter zu dämpfen, wäre unfair. **Schließlich möchten alle mithören.**

Psychologische Naturtalente wie du lauschen hier gewinnbringend den Mitteilungen der Reisenden. Die Bahn will damit ihren Auftrag zur sozialen Integration erfüllen. Anschaulich und für alle hörbar soll ein repräsentativer Querschnitt durch die Gesellschaft geboten werden, eine aktuelle Bestandsaufnahme all der Sorgen und Nöte, der Wünsche und Hoffnungen der **Menschen im Lande.** Was ihre Herzen bewegt, soll klar und verständlich offenbart werden. Und das geschieht!

»Also, warum meldet er sich nicht?«, hörst du sieben Reihen vor dir, ohne dass du die Frau sehen kannst. »Muss er wirklich so viel arbeiten? Okay, da steht irgendeine Prüfung an, aber er kann mich doch mal anrufen! Oder hat er in der Familie Probleme? Wahrscheinlich will er mich damit nicht belasten, aber mit mir kann er doch über alles reden! Zeit für sich? Die lasse ich ihm ja! Aber wofür sollte er sie brauchen? Für welche Hobbys denn? Und für welche Kumpels? Also, nein. Ich frage mich wirklich, ganz ehrlich, hat das Zukunft? Wenn von ihm so wenig kommt?«

Auch du hast da Zweifel. Aber du möchtest **nicht vorschnell urteilen.** Bis zum Ende der Fahrt wirst du genügend Anhaltspunkte sammeln können, um die Frau beim Aussteigen kompetent zu beraten: Lassen Sie den Kerl ziehen! Sie haben was Besseres verdient! Oder: Geben Sie ihm noch eine Chance, drängen Sie ihn nicht; er muss auch mal das Gefühl haben, allein zu entscheiden. Hast du deine Karte dabei? Gut. Überreiche sie gern. Heute war deine Therapie noch honorarfrei.

Viele **potenzielle Klienten** sind unterwegs. »Ich hab schlechtes Karma«, heißt es drei Reihen hinter dir. »Seine

Eltern kommen zu Besuch!« Das wird nun näher ausge-
führt. Jemand anderes stellt fest: »Angeblich wollte sie
kein Kind, aber sie hätte ja auch mal was tun können.«
Du hörst dann auch, was. Der eine hat mit seinem Fit-
nesstracker Probleme. Der andere verträgt kein Sojapro-
tein. Weiter hinten geht es um die Hausratsversicherung.
Zwei Reihen vor dir reist eine Midlife-Crisis. Jemandes
Nachbar hat das Auto geschrottet. Zwei sind auf Woh-
nungssuche. Die Lady schräg gegenüber will die Zalando-
Klamotten nun doch zurückschicken. »Sind inzwischen
reichlich getragen, klar, ich hab sie gerade an.« Ein Blick,
ja, Retournieren wäre eine gute Wahl. Sehr weit hinten
geht es um den Regenwald: »Schlimm ist das, ganz
schlimm!« Jemand vor dir erläutert die Vorzüge verschie-
dener Campingplätze. Und die junge Frau eine Reihe hinter dir berichtet: »Meine Eltern glauben immer noch, ich
schulde ihnen was.« Warum sie anderer Ansicht ist, folgt
dann ausführlich.

Natürlich ist das nicht immer und ununterbrochen so.
Es können Pausen eintreten. Selbst im Ruhebereich gibt
es Phasen, da ist es tatsächlich ruhig. Das irritiert. Diese
Leerzeiten zu füllen, bist du ausersehen. Man hat dir oft
bestätigt, dass du das Selbstbewusstsein anderer Menschen zu heben vermagst. In deiner Gegenwart fühlen
sie sich wertvoller. Und das ist meist bitter nötig, immer
wieder, auch in diesem Wagen. Du weißt: Am schnellsten
liftest du die Stimmung der anderen, indem du dich selbst
als Versager und Pechvogel darstellst. Gleich jetzt. You'll
never talk alone.

»Meinen Job bei der Post bin ich los«, erzählst du in
dein stumm geschaltetes Phone. »Irgend so ein Förster hat

gestern die zigtausend Briefe entdeckt, die ich im Wald vergraben hab.« – Dann: »Beim Erbe haben sie mich total ausgebootet. Ich komme wohl nie auf einen grünen Zweig.« Du merkst schon, wie **die Laune im Wagen steigt.** »Bei diesem Dating Portal bin ich auf so ein Romance Scamming reingefallen, das war lediglich ein Ghostwriter, mit dem ich da geflirtet habe, das hat mich nur Geld gekostet.« Mit dem anschließenden Seufzer: »Ich werde nie meine große Liebe finden.« Gut kommt auch: »Die Grasplantage ist aufgeflogen, dabei haben wir da ein Vermögen reingesteckt, jetzt droht sogar Knast.« Und falls immer noch nicht alle zuhören: »Meine Schwester hat sich ja eine Zeit lang als **Online-Stripperin** versucht, aber das ist nicht so richtig ins Laufen gekommen. Warte mal, den Link könnte ich raussuchen.« Jetzt müssten alle richtig gut drauf sein. »Nee, finde ich jetzt nicht.« Du kannst dich in deine innere Stille sinken lassen.

Du reist in der ersten Klasse? Ach so. Okay, dann Campingplätze und Regenwaldrettung ade. In diesem Ruhebereich sitzen die Leute, die das Land am Laufen halten. **Die echten Influencer.** Und du gehörst dazu. Danke im Namen aller anderen Reisenden! Hier werden seriöse Mitarbeitergespräche geführt. Hier wirst du Zeuge von Spitzenverhandlungen auf allerhöchster Ebene.

Hinter dir tönt es bereits: »Ich frag ihn also: ›Wie würde denn Ihre Lebensgefährtin Ihre größte Schwäche beschreiben?‹ Und er also: ›Ach, die würde erzählen, dass ich sehr direkt sein kann. Und das stimmt ja‹, sagt er, ›ich bringe die Dinge gern auf den Punkt.‹ Oh, Gott, habe ich gedacht, diese Floskeln kannst du nicht mehr hören. Von wegen: ›Meine Schwäche ist: Ich bin ungeduldig.‹ Oder

›Meine Schwäche ist: Ich habe gern alles unter Kontrolle.‹ Alle haben dieselben Antworten drauf. ›Meine Schwäche ist, dass ich vielleicht zu genau bin‹, oh Gott, ›dass ich zu sehr auf Effizienz achte.‹ Alles schon tausend Mal gehört. Wann kommt einer mal mit der Wahrheit raus: ›Ich bin einfach ein **Low Performer**.‹ Den würde ich glatt einstellen!«

Oh, klingt gut. Du selbst warst von Geburt an ein High Performer. Aber du kennst viele Low-Leute. Du hast deine Karte dabei. Jetzt überreichst du sie dem schwadronierenden Personaler und empfiehlst deine alten Klassenkameraden Schlaffi und Schlurfi. Null Performance garantiert.

Mal sehen, was da noch kommt. Auch in der Businessclass geht es zuweilen um Beziehungen, aber mehr in der Form von Sorgerechtsverhandlungen. Und auch mal um Alltagsprobleme, etwa wenn Wurzeleinwuchs in der Abwasserleitung zu beklagen ist, »und das musst du erst mal orten, auf fünftausend Quadratmetern Grundstück«. Du befindest dich **unter den wichtigsten Leuten des Landes.**

»Ich sage also zu denen«, vernimmst du von weiter hinten, »ich sage: Bitte, Leute, nennt mich nicht Businessguru, nennt mich nicht Meister, nicht Managementvordenker, ich bin einfach einer von euch! Und ihr wisst, was zu tun ist: Reißt die Denkmauern ein, Leute, legt die Scheuklappen ab, Stichwort Paradigmenwechsel, ihr habt die Energie, ihr seid hungrig, befreit euch aus Denkschablonen, sage ich, Stichwort Leadership, macht euch fit für die Zukunft! Ihr wollt Führungskräfte werden? Dann vergrößert euren Blickwinkel, verlasst die ausgetretenen Pfade!«

Hier ist deine Hilfe dringend nötig. Wer den Ruhebereich dermaßen vollfloskelt, bedarf deiner Unterstützung. Wer zu wissen glaubt, wie es geht, segelt gewöhnlich **geradewegs in den Burnout.** Wie es dein alter Lehrer Charles Bukowski ausdrückte: Leute, die den Zug heute mit Bedeutsamkeit füllen, werfen sich morgen davor. Du bist berufen, das zu verhindern, schon um den Lokomotivführer vor Traumatisierung zu schützen. Hilf dem lädierten Selbstwertgefühl der Reisenden. Sie tun nur so wichtig, weil sie fürchten, klein und unbedeutend zu sein. Da kommst du ins Spiel. Du an deinem stummen Handy. Du stapelst tief.

»Jakob?«, fragst du ins Telefon. »Ich wollte dir nur sagen, dass sie jetzt das Laken gefunden haben. Das ist bereits in der KTU. Ich schlage vor, wir hauen ab. Ich hab keine Lust, noch mal so lange zu sitzen.«

Diese Hinweise auf dein Pech sollten die ersten verängstigten **Führungskräfte ein wenig stabilisieren.** Oder: »Mit den Coins bin ich total auf die Schnauze gefallen. In wenigen Wochen habe ich jetzt mehr verloren, als mein Vater im ganzen Leben verdient hat. Und übrigens auch mehr, als ich je verdient habe.« Ah, nun huscht ein Lächeln über die Gesichter der umsitzenden Mühseligen und Beladenen. Du legst nach: »Kommt noch dazu, dass mein Doktortitel aufgeflogen ist. Hundertzwanzigtausend habe ich damals dafür hingeblättert. Das Geld ist sowieso weg, nun auch der Titel.«

Wenn du so weitermachst, wird das Abteil **den Zugbegleiter bitten, für dich zu sammeln.** Das kannst du verhindern. »Mein Status im OP wird immer schwieriger nach dem Fall. Ich habe die Frau noch gefragt: Es ist doch das linke Bein? Aber die hatte eine Links-rechts-Schwä-che oder war schon sediert und jedenfalls nicht mehr ganz da. Na ja. Ich hätte das rechte Bein abnehmen sollen. Das schleppt sie nun immer noch mit. Da soll Aschenberg jetzt ran. Mich lassen die bald nichts mehr tun. Gott, die Sache mit der Namensähnlichkeit letztes Jahr, wo wir die falsche Frau operiert haben, das war die Schuld des Personals! Und mal ganz unter uns: Ist denn das wirklich so schlimm? Die Frau Tietje läuft immer noch mit meiner Schere im Bauchraum rum, und der geht's gut. Jedenfalls habe ich nichts mehr gehört.«

Gut. Das sollte reichen. Du kannst dich wieder in **deine innere Stille** zurückziehen. Um dich herum ist alles verstummt. Entweder malen sich alle die Story weiter aus. Oder einer verständigt via Messenger die Bundespolizei. Das wäre ja auch mal was. Wenn die reinkommen und dich fragen: »Haben Sie hier telefoniert?« – »Äh, ja.«

Du könntest dich auf einen geschassten Bahnvorstand berufen, der mal gesagt hat: **Vogelgezwitscher im Wald** ist doch auch eine Art öffentliches Telefonieren – warum soll das in der Bahn stören? Ebent. Aber jetzt ist es ja vorläufig still, eigentlich zum ersten Mal im Ruhebereich. Du hast das erreicht. Was für ein Genuss! Danke. Oh, Moment. Dein Phone summt. Ah, da ruft jemand an!

Power-Booster auf dem Weg:
BAUSTELLEN

Wahrscheinlich kriegst du es erst mit, wenn du im Zug sitzt. Die liebenswerte Durchsage lautet: »Deshalb verlängert sich unsere Reisezeit heute um rund sechzig Minuten.« Äh, Moment, um wie viele Minuten? Weshalb? Um sechzig Minuten. Böse Zungen halten das für eine komplette Stunde. Und weshalb? Weil ein paar Überführungen saniert werden müssen. Da soll Korrosionsschutz aufgetragen werden, und **jemand muss ihn trocken pusten**, der ist aber noch unterwegs. Ja, genau, deshalb wird dein Zug heute über langsame Nebenstrecken umgeleitet. Bei der Gelegenheit entfällt übrigens auch der Halt an deinem Bahnhof. Kommst du mal woanders an. Wird interessant!

Mit etwas Glück erfährst du von den Baustellen auf deiner Strecke jedoch etwas früher. Schon auf dem Bahnhof. Die **speziell für dich errichtete Baustelle** erkennst du daran, dass dein gewohnter Zug weg ist. Der musste heute mal eine halbe Stunde eher abfahren. Warum das denn? Weil die zweigleisige Strecke dreigleisig ausgebaut wird. Deshalb kommt es zu komplizierten Umleitungen. Um die auszugleichen, fahren die Züge alle dreißig Minuten früher weg und kommen in Gegenrichtung dreißig Minuten später an. Klingt das gerecht? Na, also.

Zwischen Berlin und München dauert die Reise heute wegen kleinerer Verschleißreparaturen zwei Stunden länger. Der Zug, der nach Dortmund fährt, endet wegen Sanierungsarbeiten in Essen. Derjenige nach Frankfurt Hauptbahnhof schafft es immerhin bis Frankfurt West. Dort fährt eine S-Bahn. Falls sie fährt. Gleisarbeiten, Weichentest. Zwischen München und Rosenheim werden Züge »vereinzelt« umgeleitet. Vereinzelt: **damit ist der Zug gemeint, in dem du gerade sitzt.** Und du weißt auch schon, in welchem Bahnhof die B-Ebene modernisiert und »neu strukturiert« wird, sodass der Halt dort »nicht bedient« werden kann: Das ist der Bahnhof, an dem du erwartet wirst. Da steht jemand mit einem Blumenstrauß, aber den wirst du nicht in Empfang nehmen können. Hätte hübsch sein können.

Die Züge nach Stralsund enden heute vorübergehend in Bremen. Oder umgekehrt? Klingt fast interessanter. Richtung Passau verkehren die Züge deshalb unter neuen Zugnummern. In Büchen, Ludwigslust und Wittenberge halten überraschend ICE-Züge anderer Linien. Und für den Zug nach Amsterdam ist heute mal in Düsseldorf Schluss.

Du liebst all das. In den Jahren deines Zugfahrens hast du Überraschungen schätzen gelernt. Arbeiten an Bahnübergängen und an Fußgängertunneln, Oberleitungserneuerungen, Schleifarbeiten, Schienentausch, Schnellfahrstrecken im Schneckentempo, dafür frische Fluchtwege für alte Tunnel, griffigere Geländer für glatte Brücken,

Streckenausbau und Streckenabbau, Gleiswechsel, Anschlussverluste, Haltausfälle – all das sind kostbare **Power Booster auf dem Weg zur Erleuchtung.**

Dass immer irgendwo saniert und gebaut werden muss, versteht sich von selbst. Dass es vorrangig Strecken und Züge betrifft, die du nutzt oder nutzen wolltest – das ist eine besondere Auszeichnung! **Jeder Guru nimmt die meistversprechenden Talente besonders hart ran.** Und bestimmt nicht zufällig hat der Guru Bahn dich ausgewählt. Auf dem Weg zur vollständigen Befreiung mutet die Bahn dir Schmerzen zu. Du nimmst sie an. Denn es sind Wachstumsschmerzen. Häutungen. Darunter bist du zart und frisch und jung. Und hingabebereit.

Es gibt Leute, die leisten Widerstand. Rein mental. Die ärgern sich über Baustellen und Umleitungen. Darüber, dass ganze Bahnhöfe verlegt werden und das Stellwerk neu hochgefahren werden muss und dass die Fahrzeit sich um hundertfünfzig Minuten verlängert. **Kein Thema für dich.** Die Leute haben in der App das kleine Ausrufezeichen übersehen, das auf große Probleme hinweist. Du hast es vielleicht auch nicht bemerkt, aber du ärgerst dich höchstens kurz.

Du weißt: Widerstand gegen die Realität ist zwecklos. Das hat dich die Bahn früh gelehrt. Diese große Zen-Meisterin hat dich spüren lassen, dass nicht alles nach deinem Willen geht. Du vertraust dich ihr an. Du gibst einen Teil deiner Souveränität an sie ab. Und dann macht sie mit dir, was sie will. Oder **macht ein höheres Wesen mit der Bahn, was es will?** Ein Gott oder das Universum oder der Kosmos oder sonst jemand aus der Etage?

Spielt keine Rolle. Die Erkenntnis ist: Du bestimmst nicht über dein Schicksal. Nicht heute und hier. Und vielleicht auch sonst nicht so, wie es scheint. Einem verblichenen indischen Weisen namens Ramana wird die Sentenz zugeschrieben: »Was nicht geschehen soll, wird niemals geschehen, auch wenn du noch so sehr darum kämpfst. Und was geschehen soll, wird bestimmt geschehen, auch wenn du es zu verhindern suchst.«

Klingt zu schicksalsergeben für unseren Geschmack. Hat aber auch was Tröstliches. »**Hat nicht sollen sein**«, sagte deine Großmutter, wenn der Zug mal wieder nach Norddeich Mole umgeleitet wurde, statt in Garmisch anzukommen.

Und nur weil du – fortgeschritten auf dem Weg zur Erleuchtung – solche Fährnisse annimmst, nur deshalb genießt du das große Geschenk der Bahn: Sie entschleunigt das Leben. Hans-Christoph Seebohm, der erste bundesdeutsche Verkehrsminister, zugleich der am längsten amtierende, hat diesen Segen der Bahn in einem goldenen Satz zusammengefasst: »**Wer später kommt, hat länger Zeit.**«

Länger Zeit wozu? Zum Entspannen. Um ganz bei sich zu sein. Zeit, sich dem hinzugeben, was ohnehin der Fall ist. Zeit, zeitlos zu sein. Wusstest du, dass es einen »Verein zur Verzögerung von Zeit« gibt? Ja, den gibt es. Sein Wahrzeichen ist die rote Ampel. Und die Bahn ist Ehrenmitglied. Mögen auch noch nicht alle Bahner davon wissen: Sie machen das großartig. Für uns. Für dich. So gut!

Sinnliche Erfahrung des Südens:
AUSFALL DER KLIMAANLAGE

Vielen Menschen ist es im Winter zu kalt und im Sommer zu heiß. Nicht nur draußen, sondern auch in den Zügen. Du hast beides erlebt. Und du hast dir fast immer zu helfen gewusst. Im Regionalexpress hast du standardmäßig den nützlichen Vierkantschlüssel dabei. Mit dem hast du bei Bedarf im Eingangsbereich **den Steuerschrank geöffnet** und den Regler auf die gewünschte Temperatur geschoben. Fertig. Das war und ist nicht hundertprozentig gern gesehen, dient aber dem Schutz der Bevölkerung. Und außer uns hat es diesmal keiner bemerkt. Wie, das warst du gar nicht? Es bleibt unter uns. Jedenfalls Dank.

Im Intercity-Express ist es schwieriger. Im Großraumwagen sind die Fahrgäste häufig uneins: Soll die Klimaanlage nun mit voller Kraft die Viren verwirbeln, die **dieser ausgezehrte Mann dahinten** schon seit der Abfahrt in die Gegend hustet? Oder soll die Anlage runtergeregelt werden, damit dieser Herr in seiner eigenen Aerosolwolke dünstet? In dem Fall wird möglicherweise die Temperatur zum Problem. Und kann denn der Zugbegleiter überhaupt in den Regelkreis eingreifen? Oder arbeitet die

Klimaanlage hier mit Sensoren und pegelt sich, wie behauptet wird, automatisch ein?

Im ICE tut sie das angeblich. Nur passiert es dort oft wie bei den selbstfahrenden Autos, die aus heiterem Himmel plötzlich beschleunigen oder abrupt bremsen und unverlangt abbiegen. Die haben ihren eigenen Kopf. Und den hat auch die Klimaanlage. Sie heizt im Sommer gern mal kräftig hoch, um dem interessierten Bahnpublikum einen Eindruck vom **Herkunftsland des Programmierers** zu gönnen. Das ist in der Regel Indien.

Vielen Reisenden gefällt das. Während sie aus ökologischer Verantwortung auf Flüge verzichten, mögen sie gleichwohl das Äquatorgefühl nicht missen, das sie auf Fahrten nach Ceylon und Kenia, Amazonien und Singapur so genossen haben. Und bitte sehr: Genau diese Art Exotik vermittelt jetzt die Bahn. Künstliche Intelligenz macht es möglich.

Schade, dass manche ältere Menschen diese **sinnlichen Impressionen ferner Welten** nicht in vollen Zügen auskosten möchten. Wenn so ein dicht besetzter Großraumwagen im Sommer vierzig Grad und mehr erreicht, werden sie nörgelig, klagen über Kopfschmerzen und Übelkeit und fordern einen Platz in der ersten Klasse. Andere verlangen eisgekühlte Getränke, die aber auch in den tropischen Ländern selten zur Verfügung stehen und im Äquatorial-ICE schon gar nicht. Selbst im Bordbistro, falls denn eines mitfahren darf, hat solidarisch die Kühlung ausgesetzt.

Und das ist gut so! Viele **bewundernswerte indigene Völker** leben exakt unter solchen Bedingungen. Sie fragen nicht danach, wo die Wärmetauscher sitzen und ob die

Verteilerleitungen intakt sind. Sie behaupten auch nicht, dass die Temperaturen den Tatbestand der fahrlässigen Körperverletzung erfüllen. Sie beanspruchen keinen Verzehrgutschein und keinen Regress, schon gar nicht von der Deutschen Bahn. Sie leben einfach mit diesen Temperaturen!

Und das tust du auch. **Aus Liebe und aus Weisheit.** Du weißt: Der Survival-Experte Rüdiger Nehberg überquerte im Tretboot den Atlantik, um die Yanomami-Indianer zu besuchen. Bei ihnen wollte er lernen, ohne den Luxus der Zivilisation klarzukommen. Und er kam klar!

Die Bahn ermöglicht exakt diese Erfahrung. Und das, ohne ihren Gästen die Kosten für ein Tretboot aufzubürden oder ihnen die gefährliche Reise übers Meer zuzumuten. Und ohne dass die Reisenden sich in kolonialer Manier die Kultur indigener Völker aneignen! Eine sommerliche Reise von einer Stadt zur anderen genügt.

So betrachtet, ist es auch nicht mehr nötig, ja sogar widersinnig, dass der Zugbegleiter von Schaltkasten zu Schaltkasten flitzt, um die Klimaanlage per Restart zu einem anderen – gewissermaßen **imperialistischen** – **Modus** zu bewegen. Selbst die Transpirationssekrete, deren Aromen mehr und mehr den Wagen füllen, wirken nun nicht mehr störend, sondern zutiefst authentisch.

Natürlich gibt es immer wieder Einzelne, die sich auf diese **Erfahrung des Andersartigen** nicht einlassen und die lethargisch oder wütend werden. Doch sogar das erweist sich als wertvolle Erkenntnis! Viele Fahrgäste berichteten nach einer Zugfahrt ohne Klimaanlage – sofern sie sich danach noch zu äußern vermochten –, dass ihr Verständnis für die südlichen Länder gewachsen sei. Den

Nachmittag komplett als Siesta nutzen, zehn Jahre früher in Rente gehen – das würden sie selbst fortan auch tun, heißt es in Dankesschreiben an den Bahnvorstand.

Du selbst, mit deiner angeborenen Hitzeresistenz, hast vielen jammernden Mitreisenden zur Einsicht verholfen. Wenn sie etwa das technische Versagen beklagten, konntest du ihnen **versöhnliche Beispiele aus der Spitzentechnologie** nennen. Bei der Mondmission Apollo 12 kam es zu einer Wechselstrom-Überlast, die Sensoren für die Temperaturmessung der Außenhülle fielen aus. Genau wie hier, aber dort bei einem milliardenschweren High-Tech-Wunder! Bei Apollo 13 explodierte unter vergleichbaren Bedingungen der Sauerstofftank, die Mondlandung wurde unmöglich, der Hitzeschild löste sich auf.

Hallo?, fragst du. Dürfen die Sensoren in einem Unternehmen, das finanziell viel weniger Freiheit besitzt, vielleicht auch mal Pause machen? Kein Sauerstofftank wird hier explodieren, und selbst wenn der Mond nicht in Sichtweite rückt, wir werden ans Ziel gelangen!

Vielen verdorrenden Passagieren hast du auf diese Weise schon **letzten Trost gespendet**. Vielen Dank, auch im Namen des Bahnvorstands. Aber nun pack endlich deinen Vierkantschlüssel aus und regle das auf deine bewährte Weise!

Geh, wohin dein Herz dich trägt:
PERSONEN IM GLEIS

Deine Schulzeit liegt noch nicht lange zurück. Du erinnerst dich lückenlos an jene Klassenreise, auf der du mit ein paar anderen zu einem unbeschränkten Bahnübergang gepilgert bist. Ihr habt **Centmünzen auf die Schienen** gelegt und den Zug abgewartet. Als er vorbeigebraust war, habt ihr die Münzen aus dem Schotterbett geborgen. Sie waren sensationell flach geworden und eigneten sich nun als Mitbringsel für die daheimgebliebenen Eltern und Geschwister.

Was ihr nicht wusstet: Ihr wart »Personen im Gleisbereich« oder »Personen im Gleisbett«. Der Lokführer hat damals keine solche Meldung an die Zentrale durchgegeben, zumal ihr euch zwischen den Bäumen versteckt hattet. Das war gut. Denn andere werden sichtbar und sorgen für Verwerfungen.

Du stehst am Bahnsteig, und der Zug kommt nicht. Stattdessen vernimmst du, dass er sich auf unbestimmte Zeit verspäten wird. Begründung: »Personen im Gleis«. Oder du gleitest gerade auf einem komfortablen Fensterplatz durchs weite Land. In den letzten Minuten hat der Zug die Fahrt beunruhigend verlangsamt. Und jetzt steht er still. Falls die Zugleitung es gut meint, teilt sie den Grund mit. Und alle fragen sich: Personen auf den Gleisen? **Was sind das denn für Leute?** Sammeln die Schotter?

Ja, das gibt es. Häufiger jedoch wollen diese Leute einfach nur Kupferkabel abmontieren. Dann kommt so ein Zug ungelegen. Vielleicht handelt es sich auch um Menschen wie deine Urgroßmutter, die einst mit dem Körbchen an den Bahndamm zog, weil dort die Brombeeren üppiger wuchsen als anderswo. Heute sind es oft **Cannabis-Farmer**, die den sonnigen Rand des Gleisbereichs für eine Anpflanzung nutzen und die Blüten ernten – ausgerechnet, wenn dein Zug vorbei will. Gewöhnlich fährt er in so einem Fall tatsächlich vorbei, nur eben sehr langsam, »auf Sicht«, im Tempo eines behäbigen Joggers.

Dein Zug jetzt fährt nicht. Er steht. Verhandelt der Lokführer mit den Hanfgärtnern über eine Tüte gehaltvoller Buds? Möchte **der Küchenchef des Bordrestaurants** einen Korb Brombeeren erwerben? Ach, übrigens Brombeeren: Deine Urgroßmutter ist bis ins hohe Alter topfit geblieben, geistig völlig klar, genau wie das bei dir selbst der Fall sein wird.

Es gibt jedoch andere, weniger Begnadete, die werden vergesslich. Die machen sich zu einem Spaziergang auf und wissen bald weder, wo sie sind, noch, wo sie herkommen oder wo sie hinwollen. Falls sie Gleise entdecken, keimt in ihnen eine geniale Idee: **Wenn ich den Schienen folge, werde ich schon nach Hause gelangen!** Ein Anwohner der Strecke beobachtet sie dabei, wählt den Notruf, die Bahnleitung wird benachrichtigt, dann der Lokführer. Und der wird nun nicht mehr nur Schritt fahren, der wird anhalten.

So geschieht es mehrmals täglich im bayerischen Regionalverkehr, wenn das Oktoberfest gefeiert wird. Die Leute, die sich da auf die Schienen verirren, sind viel jünger als deine Urgroßmutter, schnallen aber rein gar nichts mehr. Die wissen allenfalls noch, dass sie sich im Bahntunnel **erst erleichtern und dann gründlich ausschlafen** wollten. Im Gleisbett. Hoffentlich werden sie nicht von Graffiti-Sprayern gestört, die halten sich auch oft dort auf.

Beherzte Wandergruppen nutzen Tunnel gern als Abkürzung. In hügeliger Landschaft ersparen sie sich die lästige Umrundung eines Berges. Warum umständlich rundherum laufen, wenn man **den Berg genauso gut durchqueren** kann, wie die Bahn das ja auch tut? Jemand in der Gruppe klärt rasch via App, dass der nächste Zug erst in zwei Stunden zu erwarten ist. Und losgewandert! Dass manchmal ein **Güterzug** die Strecke nutzt oder ein Personenzug verspätet ist und deshalb die Wanderer in flagranti erwischt, das kann vorkommen. Nicht selten folgt dann den »Personen im Gleis« der »Notarzteinsatz am Gleis«. Und der dauert richtig lange. Auch die Polizei möchte herausfinden, was los war. Du drückst die Daumen, dass sie dafür nicht drei Stunden benötigt.

Für diese Form des Gleiswanderns gibt es romantische Vorbilder, meist aus Amerika. Die Generation der Beatniks, Woody Guthrie, Jack Kerouac und ihre Woodstock-Fans folgten **in ausgelatschten Schuhen den Gleisen westwärts**, gelegentlich einen *freight train* nutzend, um per *train hopping* als blinde Passagiere ein paar Meilen mitzureisen. Berühmt und vielfach nachgeahmt ist das Bild der vier Jungs, die in Stephen Kings ›Stand by Me – Das Geheimnis eines Sommers‹ auf den Schienen ins Ungewisse wandern. Sie setzen die Geschichte der *tramps* und *hobos* fort, für die es in Mitteleuropa keine Entsprechung gibt.

Die Sehnsucht jedoch glimmt auch hier. Überall führen die Schienen in die verheißungsvolle Ferne, zum Horizont und weiter bis dorthin, wo der Widerschein von Glück und Freiheit den Himmel erhellt. Deshalb fotografieren Eisenbahnfreunde nicht nur die V100 und ihre Schwesterloks oder die Radsätze des Vectron, sondern immer auch sich selbst vor diesen Loks und vor dem ins Unendliche führenden Schienenstrang. Sofern sie das tun, während die Lok sich nähert, sind sie »Personen im Gleis«. In den letzten Jahren haben sie überraschend Konkurrenz bekommen von Leuten, die sich nicht ernsthaft für Technik interessieren: Das sind die Selfie-Junkies, die **sich vor** heranbrausenden **Zügen fotografieren.** Das Gleisbett ist eines der wichtigsten Fotostudios geworden. Je riskanter das Selfie, desto ruhmvoller die Likes.

Sind das dann die berüchtigten »Kinder im Gleis«? Manchmal ja. Zumindest wenn das Wort des Dalai Lama zutrifft, dass die Kindheit nie endet. Im Märchen von Hänsel und Gretel schicken die Eltern ihre Kinder in den Wald, um sie loszuwerden. Das klappt heute nicht mehr. Deshalb ermutigte Bart Simpson in einer Episode seine Kinder, ungezwungen auf den Schienen zu spielen. »Da habt ihr Platz und erlebt vielleicht was!« **Kinder im Gleis** – bei so einer Nachricht steht der Verkehr endgültig still. Die Strecke wird gesperrt mit dem Dominoeffekt für alle anderen. »Fernverkehrszüge warten die Freigabe an geeigneten Bahnhöfen ab«, meldet die Bahn.

Und du sitzt im Zug und wartest. Oder sitzt du davor? Im Ernst: Du zählst ja tatsächlich zu den ganz wenigen, die wirklich was für das Klima tun. Du bist ein Vorbild für alle in deinem Umfeld. Und du verstehst es auch, andere Menschen für das Überleben des Planeten zu mobilisieren. Leitest du sogar eine Aktivistengruppe? Hoffentlich! **Wenn irgendjemand die Welt retten kann, dann du und die Deinen!** Ihr geht, wohin das Herz euch trägt! Dann seid ihr es also, die ihr euch als Vertreter der letzten Generation an die Schienen gekettet habt. Der Zweck ist edel. Trotzdem seid ihr »Personen im Gleis«. Lasst euch von der Oma am Bahndamm mit Brombeeren versorgen und vom Cannabiszüchter mit ausreichend Stoff. Die Sache kann dauern.

Mitgefühl entwickeln:
DÖNER, ROTSCHMIER, FISH & CHIPS

Es können auch hart gekochte Eier sein, die jemand auf dem Klapptisch neben dir pellt. Oder – erst hast du es nur gerochen, nun erspähst du es durch die Lücke zwischen den Rückenlehnen – vor dir wickelt jemand ein Mettbrötchen aus mit einer doppelten Dosis dicker Zwiebelringe. Danach ist der Rotschmierkäse dran. Wird es Munster sein oder Limburger?

Ein aufstrebender Softwareentwickler hat den Zug nur knapp erreicht, mit letzter Not, weil er zu lange am Imbiss auf sein **in Altöl frittiertes Junk-Food** warten musste. Er hat es geschafft. Jetzt wabern die Fettwolken durchs Abteil. Die Influencerin gegenüber mit der XXL-Fish-&-Chips-Tüte freut sich, dass sie nicht zum Speisewagen pilgern muss. Hier im Großraum, live aus dem Fettpapier, schmeckt's doch viel billiger!

Und so riecht es auch. Das mag misslich sein für die anderen Fahrgäste. Aber nicht für dich. Vor geraumer Zeit hast du einen Kurs in **Stressbewältigung durch positives Denken** absolviert. Für dich riecht es also nicht. Nein, es duftet! Wie reich an aromatischen Nuancen diese Welt doch ist! Ist es nicht herrlich? Nein. Ist es nicht. Du hast den Schwindel dieser heuchlerischen Positivkurse schon damals durchschaut. Deine eigene Wahrnehmung lässt sich nicht übertölpeln. Der kannst du trauen. Es duftet hier nicht. Es riecht auch nicht einfach. Es modert. Es pestet. Es stinkt.

Und trotzdem bist du dankbar. Nicht weil es so abenteuerlich zur Abteildecke mieft. Sondern weil du normalerweise in einer Welt lebst, in der es eben *nicht* so mieft. Es sei denn, du sorgst selbst dafür mit körpereigenem **Biogas**. Das genießt du dann sogar. Aber das ist was anderes.

Der Gestank hier, der durch die Gänge und die Sitzreihen und in die Nasenlöcher kriecht, der zielt höher. Der weckt deine Empathie. Womöglich wusstest du nicht mal, **wie mitfühlend du sein kannst**. Jetzt erfährst du es.

Auf einmal fühlst du mit allen Landwirten dieser Erde, wenn sie zum Ende des Winters Jauche auf die Felder ausbringen müssen, auch Gülle genannt, hormonell verfeinerter Kot plus Harn gepeinigter Nutztiere. Klaglos hocken die Landwirte auf ihren Wagen mit den Schleuderscheiben und Drehstrahlregnern und erdulden, was du jetzt erduldest: **eine toxische Melange** aus Ammoniak und Schwefelwasserstoff, die durch die Nasenschleimhaut in die Membranen der Riechzellen dringt. Kostbares Kohlenstoffdioxid ist auch dabei, und natürlich das wertvolle Methan. Jetzt, in diesem Abteil, weißt du, wie es ist, so zu leben.

»Stört es Sie, wenn ich hier meinen Döner esse?«, wirst du gefragt. »Nein, überhaupt nicht, im Gegenteil«, kannst du ehrlich antworten.

Denn dieser unvergleichliche Geruch **lässt dein Herz**

aufgehen für die Beschäftigten in den Kläranlagen aller Kontinente. Jeden Tag füllen sie ihre Lungen mit den Gärgasen blasigen Schlamms. Jetzt begreifst du, warum Müllwerker und Arbeiter in der Kanalisation immer wieder eine Gehaltserhöhung erbitten. Du bist selbst schon zur Spende bereit. Auch für die Werktätigen in Deponien und Kompostieranlagen, für all diejenigen, die Fettabscheider und Schlachtabfälle entsorgen, für die Beobachter der Faulprozesse in Biogasanlagen und nicht zuletzt für die Präparatoren in der Pathologie.

»**Auch im Ekel liegt Faszination**«, notierte Gandhi. Ist was dran. Und beim Stichwort Indien fällt dir ein, dass es Menschen gibt, die direkt neben Müllkippen leben. Nicht nur daneben. Die *auf* Deponien leben und dort nach Verwertbarem fahnden, nach Nahrung.

»Danke, dass Sie das essen«, kannst du deinem Dönernachbarn sagen. »Mir wird jetzt klar, wie privilegiert wir hier sind.«

Der Nachbar stutzt. Vielleicht sagt er dann: »Ja, stimmt, wir sind echt privilegiert, dass so was Leckeres angeboten wird!«

Das hattest du nicht gemeint. Aber selbst daran ist etwas Wahres. Die Bahn und ihre Insassen haben deinen Horizont schon wieder entscheidend erweitert. Ist das schön! Und nun darfst du dich woanders hinsetzen.

Lost Places kennenlernen:
SCHIENENERSATZVERKEHR

Besucher aus fernen Galaxien wissen manchmal nicht, was das Kürzel SEV bedeutet. Sie hegen freudige Erwartungen. Bei allen anderen Fahrgästen wecken die drei Buchstaben schlummernde Traumata. Die Bahn soll dem realen SEV demnächst sogar eine **Triggerwarnung** vorausschicken: Es kann zu Szenen von Gewalt, Altersdiskriminierung und Verwendung expliziter Schimpfwörter kommen.

Die Abkürzung steht für eine der härtesten Prüfungen, die die gestrenge Lehrmeisterin Bahn ihren zahlenden Followern auferlegt: Schienenersatzverkehr. Nur Fortgeschrittene bestehen diese Prüfung mit dem Lächeln eines goldenen Buddhas. Du zum Beispiel.

Anfängern wird zunächst eine **sanfte Variante** zugemutet. Wenn sich lange im Voraus abgezeichnet hat, dass auf einer Strecke Schienen, Schwellen, Schotter ausgetauscht werden müssen, dann werden Alternativen vielleicht nicht gerade organisiert, aber doch zumindest ins Auge gefasst. Busse sollen am letzten Bahnhof warten, den der Zug noch auf Schienen erreichen kann. Und diese Busse, die den Zug ersetzen, sollen so viele Fahrgäste wie möglich zu jenem Bahnhof fahren, von dem aus die Reise auf Schienen fortgesetzt werden kann. Häufig ist dabei eine lange Strecke zu überbrücken. Weitere Bahnhöfe liegen dazwischen, und jeder muss angesteuert werden, zum Aussteigen und Einsteigen, und vielleicht muss auch jemand aufs Klo.

Alles kein Problem für spirituell Fortgeschrittene wie dich. Du liebst es, wenn die Fahrzeit für deine Route mal nicht nur eine magere Stunde beträgt, sondern drei. In **Entschleunigung und Nachhaltigkeit** erkennst du kostbare Errungenschaften. Das seelenlose Durchrasen der Landschaft im Zug weicht im Bus einem kontemplativen Betrachten, besonders von Sehenswürdigkeiten wie Zebrastreifen, Ampeln und Verkehrsstaus. All das sind Ruheinseln, wie sie die Vereinigung Cittaslow empfiehlt; im Zeichen der Schnecke setzt sie sich für eine Verlangsamung des Lebens ein. Eine schneckenhafte Bedächtigkeit wird beim SEV nur selten erreicht. Die Busse wählen in der Regel die Geschwindigkeit eines Fahrrades, weil ein solches den größten Teil der Strecken unüberholbar vor ihnen fährt.

»Schade um die Zeit«, mag da deine weniger achtsame Sitznachbarin klagen. Du, schon nahezu im Nirwana, erklärst ihr: »Ich glaube, die Bahn will uns den **Segen der Langsamkeit entdecken** lassen.« Und: »Ein japanisches Sprichwort besagt ja: Wer langsam lebt, lebt länger. Die Bahn schenkt uns ein längeres Leben.« Deine Nachbarin mag noch so gequält die Augen verdrehen. Wegsetzen kann sie sich nicht. Der Bus ist gestopft voll. Sie muss deine feinsinnigen Belehrungen erdulden. Du bist berufen, sie auf eine höhere Stufe der Einsicht zu geleiten. Auch dafür ist der Schienenersatzverkehr gedacht.

Und immerhin habt ihr den Bus erreicht! Viele andere warten noch am Ausgangspunkt unter dem provisorischen Haltestellenschild mit dem durchgestrichenen Zugsymbol und dem Schriftzug *Replacement Service*. Und noch viel mehr Leute streunen auf der Suche nach diesem Schild vergeblich durch unwirtliche Gegenden. Mit dieser Suche möchte die Bahn ein Sinnbild schaffen für den verworrenen Weg durchs Leben.

Zwar gibt es manchmal **aufgeklebte violette Sohlen** auf den Fliesen des Bahnhofs. Sie sollen an Fußabdrücke erinnern und die Schritte der Suchenden zu den Bussen lenken. Doch immer wieder werden diese Folien von kreativen jungen Besuchern in leerer Wartezeit lustig in andere Richtungen geklebt. So entstehen faszinierende labyrinthische Fußgängerbewegungen. Wie unfreiwillige **Flash Mobs** kreisen die Gruppen in immer größerem Abstand um den Bahnhof. Auch dieses aussichts-lose Bemühen will die Bahn als Sinnbild verstanden wissen.

Obendrein fühlt sich das Unternehmen dem Muskelaufbau und der Beweglichkeit seiner Gäste verpflichtet. Deshalb lässt es die Busse bewusst nicht direkt vor dem Bahnhof halten, bei dem der Schienenersatzverkehr beginnt. Vielmehr werden die Haltestellen klug an die Peripherie verlegt, am liebsten außer Sichtweite, damit die Menschen auf ihrer existenziellen Suche wenigstens einen Teil der vorgeschriebenen **zehntausend Tagesschritte** absolvieren.

All das sind höchstens Mikroabenteuer. Nichts davon ist eine echte Challenge. Nur Ungeplantes kann zu einer lockenden Herausforderung wachsen. Und dafür muss mehr her. Wenigstens ein Baum, der sich über die Trasse gelegt hat. Oder ein überraschender Weichenschaden. Ein Lenkdrachen, der die Oberleitung blockiert. Betonplatten, die von jungen Menschen unter großen Mühen auf die Schienen geschleppt wurden. Eine berstende Radsatzwelle. Und Schluss. »**Unsere Fahrt endet hier**«, erklärt der Lautsprecher. »Ein Schienenersatzverkehr wird eingerichtet.«

Ja! Links eine Weide mit stampfendem Stier, rechts morastiger Sumpf. Oder links undurchdringliches Dickicht, rechts Wolfsschutzgebiet. Doch wie heißt es **im großen goldenen Weisheitsbuch** der Bahn? »Irgendwo ist immer ein Weg.« Und wahrhaftig, in der Ferne schimmert so etwas wie eine Fahrspur aus Sand. Da fährt in der Dämmerung der Jagdpächter mit seinem Offroader zum Hochsitz. Dort werden die Fahrzeuge des Schienenersatzverkehrs anrollen. Nicht gerade sofort. Aber später. Muss ja erst »eingerichtet« werden. Bei einer unvorhergesehenen Totalsperrung kann das ein paar Stunden dauern. Aber das sind willkommene Stunden. Stunden der Versenkung. Des bewussten Atmens. Der Qi-Gong-Übung »**Kleiner himmlischer Kreislauf**«. Der meditativen Entdeckung unerschütterlichen Friedens tief im Innern. Und der verfilmbaren Szenen von Altersdiskriminierung, Ausschreitungen, Gewalt.

Denn irgendwann taucht für die rund fünfhundert Gestrandeten dieses ICE am Horizont tatsächlich ein

Gefährt auf. Kein ausgewachsener Gelenkbus, das nicht, der würde es in diese verkrautete Gegend nicht schaffen. Aber ein Großraumtaxi könnte es sein. Ja, ist es! Das reicht für acht bis zehn schlanke Fahrgäste. Vor hundert Jahren hat ein deutscher Poet gedichtet: **Erst kommt der Sitzplatz, dann kommt die Moral.** Hier geht es nicht nur um Sitzplätze. Hier geht es darum, überhaupt wegzukommen von diesem *Lost Place*.

Was sich jetzt ereignet, erinnert dich an deinen traumatisierten Großvater. Vor einem halben Jahrhundert gelang ihm die Flucht auf dem letzten völlig überladenen Hubschrauber aus dem Kriegsland Vietnam. Oder er kannte einen, dem das geglückt war. Vielleicht hat er es auch nur im Fernsehen gesehen und sich allmählich zu eigen gemacht. Stört ja nicht! **Trauma ist Trauma.** Und der Liebhaber deiner Mutter gehörte zu denjenigen, die beim Fall Kabuls mit dem letzten Evakuierungsflug aus Afghanistan entkamen. Er klammerte sich im Fahrwerk eines Cargo-Jets fest. So hat er es zumindest deiner Mutter erzählt. Deine Mutter hat gar keinen Liebhaber? Bleib bei deinem Glauben. Die Bahn weiß mehr.

Jedenfalls spielen sich exakt solche existenziellen Kämpfe jetzt vor deinen Augen ab. Jeder will in dieses Großraumtaxi. Alles rennt, alles humpelt, alles drängt. Leute mit Koffern sind chancenlos. Alte und Gebrechliche bleiben keuchend zurück. Rollatorpiloten straucheln im unwegsamen Gelände; man wird ihre Reste nach Jahren finden. **Witwen und Waisen** werden beiseitegestoßen. Aber einige Manager der ersten Klasse machen das Rennen! Die meisten haben ein firmenfinanziertes Survival

Training absolviert. Das zahlt sich jetzt aus. Doch auch von ihnen **wollen zu viele überleben.** Konkurrenten müssen getreten, gestoßen, gequetscht, zu Fall gebracht werden. Du hast dein iPhone gezückt. Es sind die perfekten Szenen für deinen lange geplanten Film über den Weltuntergang.

Und du bleibst ganz gelassen dabei. Du weißt: Bei provisorisch eingerichtetem Schienenersatzverkehr läuft das meiste eh schief. Die Busfahrer kennen sich selten oder gar nicht aus. Die meisten irren mit ihrer schimpfenden Fracht orientierungslos durch die Gegend, denn **kein Navigationssystem hat diese Geisterprovinzen kartographiert.**

Die Oberleitung wird längst repariert sein, die Weiche instandgesetzt, der Baum zersägt, die Betonplatte vom Gleis geräumt, und der Zug ist wieder munter in Fahrt, wenn das SEV-Gefährt immer noch durch die Einöde streift, bevor es gegen Morgen endgültig in den Moorgraben rutscht.

Doch so weit ist es noch nicht. Erst mal wird es weiter von Ahnungslosen attackiert, geentert, belagert, blockiert, werden nachdrängende Passagiere eliminiert. Laut schallen die Beleidigungen herüber. Du dokumentierst die Gefechte mit dem Phone. Ja, das ist pure Evolution. Das sind Revierkämpfe genau wie gegenüber im Wolfsland. Es geht um Selbstbehauptung, um Existenzrecht, um das Überleben der eigenen Gene. Hier ist er erreicht: **der ersehnte Einklang mit der Natur.**

Und so etwas schafft nur der Schienenersatzverkehr! Netflix will eine Serie draus machen. Deine dokumentarischen Videos werden von Nutzen sein, sollen sogar eingebaut werden! Du wirst namentlich gewürdigt. Du wirst reich! Mal wieder ganz großen Dank, liebe Bahn.

In Meditation versinken:
BEIM KLAPPERN DER TASTATUR

Ein paar Fahrgäste haben sich bereits weggesetzt. Gerade geht noch einer. Es wird einsam um den Herrn, der das nicht mal bemerkt. Er ist viel zu vertieft in das Werk, das er gleich nach der Abfahrt begonnen hat und dessen Niederschrift mindestens bis zur Endstation dauert. Offenbar entwirft er gerade eine **revolutionäre Geschäftsidee**, die global Furore und ihn reich machen wird. Oder er arbeitet an seiner dramatischen Autobiographie. Oder er schlägt seine Mutter für das Bundesverdienstkreuz vor und harkt die Gründe zusammen.

Jedenfalls hat er die Einladung der Bahn angenommen, das Großraumabteil in sein privates Büro zu verwandeln. Nicht dass er den Text lauthals diktiert. Das zum Glück nicht. Er murmelt nur gelegentlich vor sich hin. Vor allem aber malträtiert er sein Notebook. Und dessen Tastatur wehrt sich nicht lautlos. Die macht Geräusche. Die klappert, die klickert, die klackert. Und das tut sie ständig und immerzu und so wirkungsvoll, dass **das sonore Basisbrummen** des Zuges mühelos übertönt wird. Zumindest für die benachbarten Reihen.

Die haben sich nach und nach geleert. Die belästigten Mitreisenden haben sich davongemacht in eine andere Ruhezone. Du nicht. Zwar hast du deine Headphones nicht dabei. Jedenfalls nicht die mit dem Noise Cancelling. Du bist dem Geklapper schutzlos ausgesetzt. Und, ja, es nervt. **Das kann eigentlich nur Müll sein**, was der Kerl da ohne Pause in die Tasten hämmert. Oder ist er ein Medium, dem gerade von höheren Wesen eine neue Offenbarung diktiert wird? Dann wäre es auch für dich besser, den Platz zu wechseln.

Aber du bleibst, weil dieses besinnungslose Gehacke ein Fenster in die Geschichte öffnet. Und zwar in **die Geschichte der Folter**. Andere, das wird dir gerade klar, haben schlimmer gelitten. Dieses Klackern erinnert an die berüchtigte chinesische Tropfenfolter. Der Delinquent wird gefesselt unter ein Gefäß gebettet, aus dem Wasser tropft. Und zwar auf seine Stirn. Unaufhörlich, immer auf dieselbe Stelle. Steter Tropfen höhlt die Stirn, lautet ein altchinesisches Sprichwort. Die Stelle wird unter dem Dauertropfen immer empfindlicher. Die Gefesselten leiden nicht nur Schmerzen. Sie drehen durch. Sie werden wahnsinnig. Genau wie du, wenn der Typ weiter an seinem hirnlosen Machwerk tippt.

Aber du bleibst ganz bewusst. Du setzt dich diesen Geräuschen aus. Du erinnerst dich an das Hämmern dieses einen Nachbarn. Nägel in die Wand zu hämmern, war sein Hobby. Und weiter zurück an diesen Lehrer, der sich unaufhörlich räusperte. Und an den Mitschüler, der beständig mit dem Kuli klickte. Noch weiter zurück an das Ticken der Wanduhr bei deinen Großeltern, wenn du schlafen solltest. Du kannst **die Geschichte deines jungen**

Lebens beinahe anhand von solchen Geräuschen erzählen. Zumindest tauchen jetzt Erlebnisse auf, die dir ohne diesen Tastendrescher entschwunden wären.

Und jetzt wird es noch besser. »There is nothing either good or bad, but thinking makes it so«, lässt Shakespeare seinen Helden Hamlet sagen. Es gibt nichts von sich aus Gutes oder Böses; das Denken macht es erst dazu. Mit dem Denken beginnt die Bewertung. Das hast du eben gemerkt. Das anfangs lästige Klappern der Tastatur hat versunkene Bilder auftauchen lassen. Es ist zu einem **Trigger von Erinnerungen** geworden. Es ist gar nicht so lästig. Der Typ darf gern seinen sagenhaft dämlichen Flachsinn ins Notebook hämmern. Du siehst und hörst es allmählich mit Wohlwollen.

Ja, dieses regelmäßige Geräusch hat sogar etwas Meditatives. Es ist vielleicht nicht so entspannend wie Meereswellen oder das Rauschen des Regens. Aber doch, beinahe! Du schließt die Augen. Prompt tauchen noch mehr Bilder auf. Du entspannst dich. Auf YouTube gibt es Sounds zum **Entspannen und Einschlafen.** Darunter auch, ja, das Geräusch einer Tastatur vom Tippen am Computer! Zwei Stunden lang! Und, hey, wirst du nicht gerade Zeuge, wie es aufgenommen wird? Aber ja! Du bist live dabei! Beim schönsten Moment. Wie immer in deinem Leben.

Bauch, Beine, Po:
MIT DEM FAHRRAD IN DIE BAHN

In Expertenkreisen giltst du als Galionsfigur des Klimaschutzes. Viele wissen, dass die globale Erwärmung ohne dein beherztes Eingreifen längst viel weiter fortgeschritten wäre. Dafür Dank! Durch die Nutzung deines **recyclebaren Fahrrades** hast du zum Erhalt der Biodiversität beigetragen. Obendrein nimmst du die Bahn. Beides zu kombinieren, ist deine nachahmenswerte Kunst!

Du kennst dich aus. Bereits in der S-Bahn, wo du dein Rad an der bahnsteigabgewandten Tür parkst, hast du stets Spanngurt und Klettband dabei, um die Bremshebel zu fixieren. Sonst gäbe es beim Beschleunigen der Bahn manche Überraschung. Anderer Leute Räder fangen an, durch den Wagen zu rollen und **ahnungslose Fahrgäste physisch zu belästigen**. Du springst herbei und verhinderst das Schlimmste. Noch einmal Dank!

Im Doppelstock-Express hilfst du bei Rädern, deren Lenker sich als breiter entpuppen als die Tür zum Fahrradabteil. Das ist eigentlich bei allen der Fall. Die Tür ist bewusst **nur für Kinderroller** konzipiert worden. Du liebst solche Herausforderungen. Gern zeigst du den Uneingeweihten, wie das Rad ganz einfach nach Demontage der Fahrradtaschen sowie Schrägstellung des Lenkers nebst Anheben des Hinterrades plus **Einziehen des eigenen Bauches** mühelos ins vorgesehene Abteil gelangt. Dort, neben den Kinderrollern, hat es Platz.

In einigen Regionalzügen gibt es sogenannte Mehrzweckabteile, zu erkennen an der mittig wie ein Festungsturm erbauten Toilette. Bei Leerfahrten können hier fünf Fahrräder komfortabel aneinandergelehnt werden. Falls ein Kinderwagen mitreist oder ein Rollstuhl, haben noch drei Räder Platz. Beanspruchen Fahrgäste die Klappsitze, sind noch zwei Räder möglich. Und wenn die beiden Sondersessel mit der hochgezogenen Lehne besetzt werden, kann nur noch eines mitfahren. Deines. Denn du warst als Erster an der Tür.

All das gehört zum **runderneuerten Trainingskonzept** der Bahn. Wer mit dem Fahrrad kommt, soll mit genügend zeitlichem Spielraum am Bahnsteig sein. Am besten so früh, dass die gesamte Tour beim Ausfall des Zuges in derselben Zeit auch radelnd zurückzulegen ist. Das ist bestes Cardiotraining.

In den neuen ICE-Modellen haben übrigens acht Räder Platz. Perfekt für den sportlichen Wettlauf in einem Volk, das gerade komplett aufs Rad umsteigt!

Du hast rechtzeitig für dich und dein Fahrrad gebucht. Du weißt: Wer nur für sich als Person reserviert und erst am Bahnhof ein Ticket fürs Fahrrad haben möchte, wird stundenlang warten müssen. In der Saison sind die Stellplätze früh weg. Du hast dich präzise informiert. **Du gehörst zu den wenigen Auserkorenen**, die genau wissen, wo die Wagen mit den Fahrradabteilen zum Stehen kommen.

Selbst bei in letzter Sekunde angekündigtem Wechsel der Wagenreihung steht dir exakt vor Augen, wo die Türen sein werden, durch die du dein Rad heben wirst.

Obwohl dieses Herrschaftswissen fast ein bisschen unsportlich wirkt. Denn der übliche **Massenstart zum Hindernislauf**, dieses wilde Schieben vollbepackter Räder im Laufschritt dorthin, wo das Fahrradabteil jetzt überraschend zum Halten kommt, meist am anderen Ende des Bahnhofs – dieses verletzungsträchtige laute Gedränge wie beim Triathlon macht nicht nur den Zuschauern Spaß! Es tut auch den atemlos Schiebenden gut. Es strafft den Po, es formt die Beine, es kräftigt die Bauchdecke und stabilisiert die Rückenmuskulatur. Das wissen die Bahnoberen. Warum sonst sollten sie es so einrichten?

Mit deinem sozialen Gewissen hilfst du bei solchen Gelegenheiten immer wieder **den zahlreichen Vulnerablen**. So werden diejenigen genannt, die mit einem E-Bike eintreffen, das sie nur mit Mühe fahren und auf gar keinen Fall heben können. Zu den zwanzig bis dreißig Kilo Leergewicht des Bikes kommen gewöhnlich noch die Gepäcktaschen, die mit allem gefüllt sind, was einen guten **Hausstand plus Medizinschrank** auszeichnet.

Wenn du sehr viel Glück hast, werden sie später genau dort umsteigen wollen, wo auch du den Zug wechseln willst. Wie gut! Dann wirst du wieder helfen können! Selbstverständlich ist der betreffende Umsteigebahnhof mit Aufzügen versehen. Und ebenso selbstverständlich sind sie außer Betrieb. Perfekt! Denn **du liebst dieses Training**: E-Bike schultern – nicht deines, du fährst mit Muskelkraft –, der vulnerablen Person obendrein die Gepäcktaschen abnehmen, und dann die Treppe hinunter, durch die Unterführung, und drei Bahnsteige weiter eine andere Treppe wieder hinauf.

In benachbarten europäischen Ländern soll es schräge Rampen geben. Aber das ist kein echtes Krafttraining mehr. Wenn du **einem vulnerablen Ehepaar helfen** kannst oder noch besser einer ganzen vulnerablen Reisegruppe, und wenn du alle Pedelecs einzeln treppab, treppauf tragen darfst, dann blühst du richtig auf. Man dankt dir überschwänglich. Bitte gehe nicht gleich weg! Warte gern auf den Anschlusszug für die Gruppe, damit du ihre Trekkingteile durch die enge Tür heben kannst.

Ja, es ist wahr, an manchen Zügen tun sich unversehens breite Türen auf. Da gibt es plötzlich geräumige Abteile. Fast schon so wie früher bei den klassischen Packwagen mit ihren bühnenweiten Rolltoren. Aber so etwas sollte die Ausnahme bleiben! Der sportliche Kampf macht erst richtig Spaß, wenn **die Stufen zu hoch und die Türen zu schmal** sind. Mehr noch, wenn wegen Wegfalls des reservierten Wagens alle Fahrräder in einen anderen gestopft werden müssen, der wiederum von anderen reserviert worden war.

Da fängt der Spaß erst an. Da wird er serientauglich. Denn wenn du demnächst noch deinen Hänger ankoppelst oder gar mit deinem **Lastenrad** antrittst, **Modell Christiania**, einem raumgreifenden Trike, dann hört der Spaß überhaupt nicht mehr auf. Wiederum Dank! Und ganz großen Respekt vor deinem Trainingsstatus. Du bist vorbildlich in Form. Man sieht es dir auch an.

Oder, Moment, ist das eine Verwechslung? Dann reden wir besser im Flüsterton weiter. Also was war das eben, nur unter uns: Du findest Fahrräder in der Bahn störend?

Selbst im separierten Abteil im ICE? Und du meinst, E-Bikes gehören grundsätzlich nicht in die Bahn, sondern auf die Straße? Dann zählst du vermutlich zu jenen **schwer geprüften Pendlern**, die neulich nicht an ihrer Station aussteigen konnten, weil E-Bikes neben herkömmlichen Rädern die Tür blockierten.

Das war bitter. Du sollst auch nicht begeistert gewesen sein, als wenig später der Kontrolleur kam und du Aufpreis zahlen solltest, weil du ja nun ohne gültiges Ticket weiterfuhrst, wenn auch gegen deinen Willen, und von dort wieder zurück.

Aber nach kurzem erfrischendem Groll hast du dieses Missgeschick als Abenteuer bei den Hörnern gepackt. Du hast die Challenge darin entdeckt. Du hast die scheinbar vergeudete Zeit mit deiner wachen Phantasie **in Quality-Time verwandelt**. Du bist an einer bislang nie beachteten Station ausgestiegen, und du hast es genossen. Dieser Blick auf den Schwung einer fernen Fußgängerbrücke! Diese Sitzbänke, diese Informationsvitrinen, diese Ticketautomaten!

Ja, du warst freudig verblüfft. Du hast die Welt neu gesehen. Diese Entdeckung war das bisschen Aufpreis allemal wert. Dank also den Fahrrädern – und deinem wachen Geist!

Gott zum Lachen bringen:
DER ANSCHLUSS WIRD NICHT ERREICHT

Grundsätzlich siehst du mit einem Lächeln ins Leben. Und das Leben lächelt zurück. So ist das bei dir. Und doch gibt es Ereignisse, die ziehen die Mundwinkel nach unten. Diese Reise zum Beispiel. Beim Buchen hattest du bereits eine bange Ahnung. Es gibt keine direkte Verbindung zu deinem Zielort. **Du musst umsteigen.** Das birgt Risiken. Sobald dein erster Zug am Umsteigebahnhof angekommen ist, bleiben dir für das Wechseln auf den anderen Bahnsteig exakt dreizehn Minuten Zeit. Dreizehn ist deine Glückszahl. Zum Umsteigen reicht das allemal. Sofern die Fahrt reibungslos läuft.

Und das tut sie gerade nicht. Du sitzt bei deinem Lieblingsunternehmen artig im Abteil. Und aus irgendeinem rätselhaften Grund erreicht der Zug nicht die Höchstgeschwindigkeit. Oder scheint es nur so, weil du ein wenig ungeduldig bist? Nein. Das Tempo wirkt unerfreulich gedrosselt. Warum nur? Wird in dieser waldfreien Landschaft jetzt Wildwechsel erwartet? Hat der Lokführer **den Tempomaten runtergedreht**, damit sein Kaffee nicht überschwappt? Das mulmige Gefühl verstärkt sich.

Eine Zugbegleiterin eilt durch den Wagen. Unter Einsatz knapp noch legaler Mittel schaffst du es, sie zu stoppen. »Ich muss umsteigen«, teilst du ihr mit. »Und zwar muss ich …« Du brauchst nicht weiterzureden. »**Alle Anschlusszüge werden erreicht**«, teilt sie mit, etwas schnippisch, wie dir scheint. So als habe sie diese Auskunft zuletzt etwas zu häufig geben müssen. Die Dringlichkeit deines ganz speziellen Falles scheint ihr nicht bewusst zu sein. Nähere Erläuterungen kannst du nicht mehr loswerden. Sie ist schon weg.

Diskret blickst du dich um. Die anderen Fahrgäste täuschen Gleichmut vor. Entweder sie merken nicht, dass der Zug alarmierend hinter dem Soll zurückbleibt. Oder ihnen ist es egal, weil sie eh bis zur Endstation durchfahren. Solidarität ist von diesen Leuten nicht zu erwarten. Es ist einfach die Unwissenheit, die sie so ruhig sitzen lässt. Du weißt mehr: Manchmal hat der Lokführer **die falschen Fahrplandaten eingespielt** bekommen; dann muss er langsam fahren. Häufiger noch beeinträchtigt ein winziger maschineller Defekt die Fahrt. Es geht dann zwar weiter, aber mit gebremstem Schaum.

Nach jetzigem Stand bleiben dir zum Umsteigen nur noch drei Minuten. Oder wird der andere Zug, den du erreichen musst, auf verzögert Eintreffende warten? Womöglich ist er selbst verspätet? Wo ist die Zugbegleiterin? Nicht in diesem Abteil. Du bist **allein in einer sich verdunkelnden Welt**.

Es knackt im Lautsprecher. Ah. Die Stimme der Zugbegleiterin, jetzt nicht mehr ganz so spöttisch. Sie räumt die Verspätung ein, wegen Störungen im Betriebsablauf. »Aber alle Anschlusszüge werden erreicht.« Das klingt gut. Allerdings gibt die Zugbegleiterin nur folgsam weiter, was die ferne Betriebsleitung ihr aufs Handy gebeamt hat. Sie sitzt am Ende einer **Meldekette, die mehr Zeit beansprucht als die gesamte Fahrt.**

Bleibt der Zug gleich in der Wildnis stehen? Warum wird er jetzt noch langsamer? Du spähst aus dem Fenster. Falls es schon dämmerig ist, siehst du wenige verstreute Lichter. Da wohnen **Menschen, denen dieser Zug völlig gleichgültig ist.** Die Stadt, in der du umsteigen sollst, ist jedenfalls noch nicht annähernd in Sicht. Bei Tag siehst du Äcker, Wiesen, Wald. Vielleicht den ausfransenden Rest entfernter Vororte. Das wird nichts.

Ja, und jetzt bleibt der Zug stehen. Du hast es gewusst. Und es ist okay. Es geht dir wie dem verehrten heiligen Johannes vom Kreuz. Um erleuchtet zu werden, musste er zuvor durch etwas gehen, was er »**die dunkle Nacht der Seele**« genannt hat. Das ist dir vertraut. Vor allem jetzt. Die Zugbegleiterin klingt kleinlaut: Wegen einer Signalstörung werde der nächste Halt leider mit einer Verspätung von soundsoviel Minuten erreicht. Nun erst entsteht auch bei den anderen Leuten im Abteil Unruhe.

Viel später, als ihr endlich wieder rollt, nennt die Dame am Lautsprecher die neu ermittelte Ankunftszeit und ergänzt: »**Der Anschlusszug konnte leider nicht warten.**«

Verärgerte Stimmen, Flüche, jemand schlägt mit der flachen Hand auf den Klapptisch. Aha. Das sind also die Schäflein, die vorhin Gleichmut vorgetäuscht haben. Denen dämmert gerade, dass ihre Reise noch erheblich länger dauern wird. Der Zug durchquert die inneren Bezirke der Stadt. Er nähert sich dem Bahnhof. Zu spät. Hier nun **auf den nächsten Anschlusszug zu warten,** würde eine Wartezeit von etlichen Stunden bedeuten. Wer hier umsteigen wollte, wird offiziell gebeten, weiterzufahren bis zum nächsten Halt – und von dort einen Zug zu nehmen, der nach … und so weiter.

Trotzdem steigen ein paar wütende Leute aus. Motto: »Das lasse ich mir nicht bieten!« Die beklagenswerte Zugbegleiterin. Ihr ist am wenigsten anzulasten, dass es so selten klappt mit der sogenannten **Anschlusssicherung**.

Noch einer greift seine Koffer und stampft wütend zum Ausgang. Du bist ruhig. Es ist alles gut. »Die Reise gleicht einem Spiel«, hat ein lorbeerumkränzter deutscher Dichter notiert, »es ist immer Gewinn und Verlust dabei und meist von der unerwarteten Seite.« **Der unerwartete Gewinn ist im Augenblick noch nicht zu sehen.** Jedenfalls nicht für dich. Du erinnerst dich an die alte Spruchweisheit »Men tracht und Gott lacht«, in neuerer Übersetzung: »Weißt du, wie du Gott zum Lachen bringen kannst? Erzähl ihm deine Pläne.«

Das passt. Du lächelst, als der Zug sich wieder in Bewegung setzt. Du wirst den empfohlenen Umweg in Kauf nehmen. Und siehe da, die Zugbegleiterin lächelt zurück. So kennst du es. Du siehst friedvoll aus dem Fenster.

Nanu! »Was ist denn das da für ein Zug, da drüben, der da am Gleis steht?«, fragst du. Die Zugbegleiterin wundert sich ebenfalls. »Ach, das ist ja der Anschlusszug! Dann hat er also doch gewartet! Das ist mir aber nicht mitgeteilt worden.«

Ausgerechnet die Leute, die wütend und wider alle Vernunft ausgestiegen sind, siehst du dort drüben heiter einsteigen. Sie werden lange vor dir an ihr Ziel gelangen.

»Vertraue niemals den Anschlussdurchsagen«, heißt eine uralte Spruchweisheit. Du hattest sie vergessen. So sei es denn. Du bemühst dich zu lächeln. Und das Leben lächelt zurück. Etwas schadenfroh, wenn nicht alles täuscht.

Artenschutz im Einkaufsparadies:
DER ZUKUNFTSBAHNHOF

Das *Shoppen* gehört für viele Menschen zum Reisen. Vor allem für diejenigen, die unverhofft **kostbare Stunden geschenkt** bekommen – einfach, weil ihr Zug verspätet ist. Von ihnen gibt es immer mehr. Und weil nicht jeder von ihnen die Wartezeit als Geschenk betrachtet, möchte die Bahn etwas tun. Sie ist schon dabei. Sie baut um.

Bislang unwirtliche Stationen verwandelt sie in Einkaufsbahnhöfe. Nicht mehr karg ausgestattet mit Kiosk und Backshop. Sondern mit hell erleuchteten Ladenketten, mit Supermärkten, Modeboutiquen, Parfümerien, Spielwaren, Drogeriemärkten. Und natürlich mit Zahnschienen-Anpassung, Nagelstudio und Friseur, denn für **ein umfassendes Lifting** reicht die Verspätung allemal. Seit einigen Jahren gehören auch Teststationen zum Repertoire; gewöhnlich reicht die Wartezeit für das Auftauchen eines neuartigen Virus.

Die Ausharrenden müssen nun nicht mehr ungeduldig auf die Uhr schauen und Pünktlichkeit fordern. Sie dürfen **shoppen und erleben** und darüber gern auch den nächsten Zug versäumen. Im Geflecht der Flaniermeilen und Schlemmeroasen finden sie ohnehin nicht mehr zum Bahnsteig, jedenfalls nicht zum richtigen. Eine innovative Wegeleitung sorgt dafür, dass sie stattdessen zum *Inspiration Store* gelangen, von dort zur Filiale einer Modekette, von der aus sie mit scharfem Auge bereits den *Curry Point* ausmachen können, hinter dem wiederum sich ein weiträumiger Laden mit tollen Geschenk- und Dekorationsideen öffnet.

Der Einkaufsbahnhof ist auch noch Bahnhof, das schon, vor allem aber Schaufenster, **Begegnungsstätte** und Ort des Erlebens. Absichtsvoll gleichen die Läden so sehr den Läden in allen anderen Galerien, Arkaden, Passagen und Shopping Malls, dass viele Reisende nach langem Umherirren zu der glücklichen Gewissheit gelangen, sie seien bereits zu Hause, in ihrem heimischen Einkaufsparadies.

In solchem Zustand machen sie dann keine Anstalten mehr, zu ihrem Zug oder einem seiner Nachfolger zu gelangen. Sie schlendern einfach ziellos durch die Gänge, bis sie erschöpft vor einem Schlüsseldienst oder Asia-Imbiss niedersinken, wo die Bahnhofsmission sie aufliest und zu einer einfachen Übernachtung plus einem Teller Suppe einlädt.

Diese Wandlung macht Hoffnung. Gerade im Hinblick auf **Artenvielfalt und Ressourcenschonung**. Die Abschaffung herkömmlicher Bahnhöfe und die innovative Irreleitung der Reisenden läuft zu Recht unter dem Etikett »Zukunftsbahnhof«. Die Bahn möchte den ehrgeizigen Klimazielen der EU dienen. Zuletzt haben immer noch zu viele Menschen ihren ökologischen Fußabdruck vergrößert, indem sie zu fernen Orten aufbrachen, an denen es ihnen auch nicht besser ging als zu Hause.

Wer wüsste das besser einzuschätzen als du! Deine eigenen Fahrten sind erwiesenermaßen sinnvoll und notwendig. Würden alle sich an deinem Vorbild orientieren, wäre die Durchschnittstemperatur längst wieder auf dem Weg nach unten. Aber immer noch zu viele andere meinen, sie müssten unbedingt unterwegs sein. Es ist Aufgabe der Bahn, sie daran zu hindern, wegen der **Wälder**, der **Korallenriffe**, der **Feuchtwiesen**, um unseres ganzen erschöpften Planeten willen. Die meisten Reisewilligen sind eh zu Hause besser aufgehoben – oder alternativ in einem Themenstore für Vasen, Windlichter und Kunstblumen, wenn nicht gleich auf der Sozialstation. Du winkst aufmunternd durchs Fenster. Ja, da seid ihr richtig!

Beim achtsamen Gang durch den Einkaufsbahnhof prüft dein geschultes Auge, ob alle angebotenen Waren und Dienstleistungen tatsächlich **zum Klimaschutz beitragen**. Wurden bei den gestapelten Handtüchern, den Badeteppichen und Yogamatten wirklich die Ressourcen geschont? Funktioniert der Heizstrahler mit Solarenergie? Ist der Nasenhaartrimmer recyclebar?

Die Bahn wünscht das. Du bist aufgerufen nachzuforschen: Hallo? Lassen sich bei Ihren Enchiladas die Lieferketten lückenlos belegen? Haben Sie die Papiere griffbereit? Und Sie, ja, stammen die Zutaten zu Ihren Bowls alle aus Fair-Trade-Handel? Und Sie als nicht nur vegane Eisverkäuferin, sind Sie wenigstens Mitglied der **Bruderküken-Initiative**?

Man gibt dir begeistert Auskunft.

Nachhaltige Shops sind das eine. Der Zukunftsbahnhof will mehr. Die Energie für die Läden darf nur aus Solarzellen auf dem Bahnhofsdach gespeist werden. Das

Obst und Gemüse muss vom kommenden Jahr an **auf den Brachflächen zwischen den Gleisen** angebaut werden. Kurze Lieferwege! Um den ökologischen Fußabdruck noch weiter zu verkleinern, wollen die Zukunftsbahnhöfe sich an berühmten Vorbildern orientieren. Und zwar bei der Nummerierung der Gleise. Die traditionelle Reihenfolge der Zahlen soll als **Konzept der Vergangenheit** ad acta gelegt werden. Planetenschonend ist allein die bunte Vielfalt, gerade bei der Bezeichnung der Bahnsteige.

Ein Gleis 27, das gleich nach Gleis 7 kommt wie in Gelsenkirchen, oder ein einsames Gleis 104 wie in Solingen können so viel **Gutes bewirken!** Das berühmte Gleis 6 ohne Bahnsteig in Friedberg, das Gleis 54, das in Siegen den Gleisen 1, 2, 3 folgt, die originelle Kufsteiner Reihung 3, 1, 2, 4, 6, 8, das berüchtigte Regensburger Gleis 109, das neben Gleis 8 zu suchen ist, das fehlende Gleis 7 in Mainz, das phantastische 101 in Frankfurt, das von Harry-Potter-Fans verehrt wird – sie alle weisen als gute Beispiele den Weg. Im modernisierten Bahnhof Potsdam befinden sich die Gleise 2 und 4 auf einem Bahnsteig, während Gleis 3 nur auf einem labyrinthischen Weg durch klimagerechte Läden zu finden ist und kaum je erreicht wird. Dieses Konzept soll Schule machen. Die Menschen sollen **Tickets kaufen, aber die Reise niemals antreten.**

Die ermutigenden Zeichen mehren sich. Immer häufiger halten Menschen in ganz gewöhnlichen Einkaufszentren nach Bahnsteigen Ausschau. Verwechseln sie da etwas? Vermutlich. Aber das ist beabsichtigt. Denn **die Suche an sich** ist ohnehin etwas Urmenschliches. Und wenn dabei statt eines ökologisch fragwürdigen Reisezieles nun vor Ort etwas wirklich Nützliches gefunden wird, etwa ein Folienballon, eine dekorative Katzenfigur oder ein 24-teiliges Bierpong-Set, dann dient das Verpassen des Zuges nicht nur diesen Menschen, sondern der Biodiversität, dem Klima, dem ganzen Ökosystem der Erde.

Höhere Bewusstseinszustände erlangen:
IM NACHTZUG

Als Kind bist du mal im Liegewagen gereist, mit deinen Eltern. Als Erwachsener vielleicht im Schlafwagen. Gerädert warst du am folgenden Morgen in jedem Fall. Alle sind das. Wer nachts Zug fährt, spart eine Übernachtung und verschläft den nächsten Tag. Oder wandelt in Trance durch die Straßen jener berühmten Stadt, deren Besichtigung auf dem Programm steht. Nichts davon bleibt im Gedächtnis. Später kann nur die Fahrkarte als Anhaltspunkt dienen. Oder ein Foto mit der verwunderten Feststellung: »Ach so, da war ich also tatsächlich mal, das muss am Ankunftstag gewesen sein.« **Nachtzüge und Schlafentzug** gehören untrennbar zusammen.

Ein vergessener deutscher Kreativer fuhr gern nachts mit der Bahn und gab als Motto aus: »Schlafen kann ich, wenn ich tot bin.« Die Geräusche müssen ihm gefallen haben, das damals noch übliche Rappeln und Rattern und die wuchtigen Druckwellen entgegenkommender Züge. Zumindest bis zu seinem siebenunddreißigsten Lebensjahr; danach legte er sich zum ewigen Schlaf. »**Schlafen ist für Loser**«, äußerte eine Silicon-Valley-Heldin, die als flinke Milliardärin mit Steve Jobs verglichen wurde. Seit ihrem Scheitern holt sie Schlaf in der Arrestzelle nach. Und vom König der E-Autos wird berichtet, als Maxime für Mitarbeiter gebe er »Schlaf ist keine Option« aus; er selbst döse jedoch heimlich in autonom fahrenden Autos, die währenddessen Bogenlampen, Tiere und Passanten umnieten. Kriegt er zum Glück nicht mit.

Schlaf ist überlebenswichtig. Sogar für Superhelden. Und weil das so ist, hat die Deutsche Bahn ihr Nachtzugangebot abgeschafft. Ihre Kundschaft soll sich gesundschlafen. Zu Hause. Und wenn sie das partout nicht will, gibt es Angebote der Österreichischen Bahn. Die hat alte Waggons und Nachtstrecken übernommen und um ein paar neue ergänzt. Von Wien nach Paris, von Hamburg nach Innsbruck, von Zürich nach Amsterdam. In diesen »NightJets« lässt sich das **Vintage-Gefühl** noch einmal auskosten: die verbrauchte Luft im Liegewagen, das Aroma gereifter Socken, das Schnarchen aus Stockbetten, das kühne Klettern über die Hühnerleiter nach oben, das Ausstrecken in Rückenlage bei voller Montur und ungeputzten Zähnen, das Warten aufs Wegdämmern.

Es gibt auch Schlafwagen, die »den heutigen Ansprüchen genügen«. Das bedeutet: nach einer Fastenkur kommt fast jeder durch die enge Tür. Im Raum selbst vermögen sich zwei Leute um die eigene Achse zu drehen. Drei können sich abwechselnd zwischen den ausgeklappten Pritschen aufhalten. Es gibt einen Alkoven mit träufelndem Wasser, Sicherheitsnetze für unruhige Träumer, **kostenlose weiße Pantoffeln** in Größe 46½ und ein Verdunklungsrollo. Denn selbst in schwärzester Nacht hält der Zug an taghell erleuchteten Stationen. Für Reisende, die gerade in die erste Schlafphase gleiten, wird ein munterer Fahrgastwechsel aufgeboten, mit angemessenem Hallo und Gepolter. Den schweren Tritten auf dem Gang folgt gewöhnlich **ein probeweiser Druck auf die Klinke.** Gut, dass das Abteil von innen verriegelbar ist! Denn der eigene »Mord im Orientexpress« gilt unter Eisenbahnromantikern mittlerweile als knifflige Mutprobe und Gipfel ihres Hobbys.

Du selbst schläfst am besten in deinem eigenen Bett. Aber es kommt vor, dass du dich absichtlich der niedrigsten Form des Nachtreisens aussetzt: dem Sitzwagen. Den bietet nicht nur die Österreichische, sondern auch die Deutsche Bahn. Du steigst um Mitternacht in Köln ein und bist am nächsten Morgen um acht in Berlin. Tagsüber geht es doppelt so schnell. Aber du willst die Nacht im Zug verbringen, im **gespenstischen Großraumwagen** unterm orangefarbenen Notlicht, skeptisch beäugt von einem geräderten Uniformierten. Damit die Fahrt richtig lang dauert, wird der Zug immer mal wieder auf ein Abstellgleis geschoben und hält lange an eigentümlichen Stationen, von deren Existenz du noch nie gehört hast. Nachtreisende haben Ortschaften entdeckt namens »Letmathe«, »Vöhrum« und »Unterlüß«. Ihre Fotos belegen: Der Zug hielt tatsächlich vor solchen Stationsschildern. Geisterhafte Gestalten wurden im Dunstkreis der verfallenen Gebäude gesichtet. Bahner umschreiben solche Nachtfahrten mit dem Begriff »The Walking Dead Tour«.

Du überlebst sie. Doch du bist ein anderer, als du am Morgen aus dem Zug taumelst und beinahe verschlungen wirst vom Abstand zwischen Trittbrett und Bahnsteig. In allen Verhaltenstests und Hirnuntersuchungen würdest du jetzt miserabel abschneiden. Auf einer Reise mit dem Nachtzug schrumpft die Gedächtnisleistung um ein Drittel, die Entscheidungsfähigkeit um die Hälfte, und so etwas wie Wahrnehmungsfähigkeit ist kaum noch messbar.

Dafür stellt sich etwas anderes ein, etwas Höheres: die Trance. In allen indigenen Religionen ist die Trance **das Eintrittstor in eine jenseitige Welt.** Nur durch die Trance kann eine Verbindung zu Göttern, Geistern und Verstorbenen hergestellt werden.

Du bist jetzt so weit. Du bist durchlässig geworden für feinstoffliche Signale. **Verstorbene nehmen dich als einen der Ihren war.** Du vernimmst Botschaften aus ihrem Reich. Während du zum Ausgang des Bahnhofs schlafwandelst, erkennen sensible Frühaufsteher eine helle Aura um dich herum, wie einen Heiligenschein. Einige bleiben stehen und tuscheln.

Ja, du schwebst jetzt in einem höheren Bewusstseinszustand. Du bist reine Spiritualität. Wer dir in diesem Zustand begegnet, fühlt sich leichter, lichter, frei. Was in dieser Begegnung geschieht, nennt man Trance Healing. Du nimmst kein Geld dafür. Du weißt: nicht du selbst handelst. **Das Göttliche handelt durch dich.** In einigen Kulten werden Drogen verabreicht, um diese Ebene zu erlangen. Du brauchst dafür keine Drogen. Du brauchst nur den Nachtzug.

Erleuchtende Lektüre:
DAS MAGAZIN ›MOBIL‹

Du hast nicht auf alle Fragen des Lebens eine Antwort parat. Aber auf eine der berühmtesten Fragen weißt du sie sofort. Die Bibel, antworten manche auf diese Frage, andere nennen die Odyssee oder die Reden des Buddha oder den Koran, Shakespeare, Goethe, das Kommunistische Manifest, auch mal das Lexikon der Kunstgeschichte, Thomas Mann, Marcel Proust.

Wie die Frage lautet? Hier ist sie: Welches Werk würdest du **auf eine einsame Insel** mitnehmen? Deine Antwort ist knapp und klar: »Das Bahnmagazin ›mobil‹«!

Test bestanden. Und es ist ja so wahr! Schiffbrüchig unter drei Palmen mit Kokosnüssen für viele Monate, ungestörtes Baden am Sandstrand des Westufers, auf der windabgewandten Seite das biologische Klo – da fehlt zum vollendeten Glück nichts anderes als das Kundenmagazin der Bahn. Spannende Interviews, inspirierende Reisegeschichten, Kultur- und Lifestyle-Themen, Aktuelles **aus der Welt des Fern- und Nahverkehrs**, dazu Preisrätsel, für all das brennst du, besonders auf einer Insel ohne Zuganschluss.

Sonderbar, dass so viele Fahrgäste den »treuen Reisebegleiter«, wie die Bahn das Heft nennt, unbeachtet vom Haken baumeln oder hinter der Lasche am Sitz stecken lassen. So schade! Oft schreckt »die bekannte oder weniger bekannte **Persönlichkeit unserer Zeit**« auf dem Titelblatt ab. Diese Persönlichkeit wird im Heft befragt. Auf etlichen Seiten erläutert sie, wie sie die Work-Life-Balance hält, was sie Gutes tut, wie sie sich ständig neu erfindet, Erholung in der Natur sucht, sich obendrein für Klimaschutz und Geflüchtete engagiert und dass dieses Land ein besseres Land wäre, wenn alle das täten. Das gilt übrigens auch für deine Insel. Schon mal drüber nachgedacht? Na gut, nicht jetzt.

Mit fliegenden Fingern blätterst du die Seiten um. **Ist das aufregend! Was kommt da noch?** Ah, ein Rückblick auf die Bundesgartenschau, ein Vorausblick auf die nächste Urlaubssaison mit besonderer Empfehlung der Orte, an denen Hund und Mensch zusammen Ferien machen können. Und wie man qu(e)er durch Deutschland fährt. Das Städteporträt zeigt eine Residenzstadt. Eine Fernsehschauspielerin hat eine Bergwanderung gemacht. Ein Sänger widmet sich dem Stand-up-Paddling. Ein Fotograf hat die japanische Teezeremonie miterlebt. Street-Art-Künstler präsentieren Schuhtrends. Outdoor-Influencer zeigen, wie sie zelten. Dir unbekannte Köche präsentieren Rezepte für nachhaltige Gerichte. Bloggerinnen und Blogger erzählen, wie sie zum Bloggen gekommen sind.

Und dann folgen Gesundheitstipps zu Kopfschmerzen, Zeckenbiss und Einschlafschwierigkeiten. Man soll **nicht so viel Alkohol** trinken. Geht leider eh nicht auf deiner Insel. Das Rätsel sieht raffiniert aus. Dafür wirst du ein paar Stunden extra einplanen müssen. Es gibt sogar Nachrichten zum Unternehmen Bahn selbst: Es ist **unterwegs in die Zukunft**. Und zum Schluss gibt es etwas zu gewinnen, und zwar etwas Exklusives, das auch als Geschenk überall willkommen ist: das ausgewilderte Bahnmaskottchen Max Maulwurf als Plüschtier. Und die Vorschau auf das nächste Heft liest sich noch spannender! Ob schon ein Vorausexemplar zu haben ist?

Einige behaupten, das Magazin sei besser gewesen, als es noch ›Die Schöne Welt‹ hieß. Oder noch früher ›Rad und Schiene‹. Du bist viel zu jung, um dich daran zu erinnern. Du lebst in der Gegenwart. Du weißt, was gut ist. Auf Reisen soll es häufig vorgekommen sein, dass du bereits beim Einsteigen **mit leuchtenden Augen** den Zugbegleiter angesprochen hast: »Haben Sie ein Exemplar ›mobil‹ dabei? Eins, das noch nicht völlig zerlesen ist?« Es fand sich mal ein Zugbegleiter, der hat sich über dein Interesse gefreut. Die meisten haben dich misstrauisch angesehen. Kaum warst du eingestiegen, flüsterten sie verschwörerisch in ihr Handy. Ja, du bist als **verdächtige Person** gemeldet worden.

Das macht nichts. Vielen großen Geistesmenschen ist es ähnlich ergangen. Unangefochten versenkst du dich in die Lektüre. Allerdings nicht so, wie alle denken! Nein, jetzt kommt die Überraschung. **Du liest wie die Erleuchteten. Wie es der Dalai Lama empfiehlt.** Es kommt nicht auf die Sätze an, lautet sein weiser Rat, und nicht auf die Worte. Sondern auf die Leere, vor deren Hintergrund sie stehen. Nicht auf die Buchstaben, sondern auf den unbedruckten freien Raum zwischen ihnen. Die Leerheit ist unendlich. Sie zeigt sich in jedem Buch. Aber vielleicht nirgends so schön wie im Magazin der Deutschen Bahn. Du kannst es auf den Kopf drehen. Die Leere bleibt immer gleich. Sie ist der grundlose Grund, aus dem alles ersteht und in den es wieder versinkt. Jeder Gedanke, jede Geschichte. Das wird bei dieser erleuchteten Form der Lektüre unübersehbar klar.

Und wer dich für verrückt erklärt hat, weil du ausgerechnet ein Bahnmagazin auf die Insel mitgenommen hast, wohin bekanntlich keine Schienen führen, der findet nun Grund zum Staunen. Und das passiert wirklich nur Erleuchteten! **Da kommt eine Lokomotive!** Kommt übers Meer dahergeschwommen, bestens geteert und kalfatert. Sie legt an. Und der gemütliche Lokomotivführer und sein fröhlicher Junge laden dich zum Einsteigen ein. Klarer Fall. Die Lokomotive heißt Emma. Und du darfst jetzt mit Jim und Lukas verreisen, ins nächste große Abenteuer. Aber nimm deine liebste Lektüre mit!

Italien neu entdecken